快速读懂民法典

继承编

继承难题不再愁

蔡国华　主编

中国民主法制出版社

图书在版编目（CIP）数据

快速读懂民法典 . 继承编——继承难题不再愁 / 蔡国华主编 . -- 北京 : 中国民主法制出版社 , 2021.4

ISBN 978-7-5162-2179-2

Ⅰ . ①快… Ⅱ . ①蔡… Ⅲ . ①民法—法典—中国—学习参考资料②继承法—中国—学习参考资料 Ⅳ . ① D923.04 ② D923.54

中国版本图书馆 CIP 数据核字（2021）第 044178 号

图书出品人：刘海涛
出 版 统 筹：乔先彪
责 任 编 辑：陈　曦　谢瑾勋

书　　名 / 快速读懂民法典 · 继承编——继承难题不再愁
作　　者 / 蔡国华　主编
插　　画 / 图图话话艺术教育 · 蛋糕老师

出版 · 发行 / 中国民主法制出版社
地址 / 北京市丰台区右安门外玉林里 7 号（100069）
电话 /（010）63055259（总编室）　63058068　63057714（营销中心）
传真 /（010）63055259
http: //www.npcpub.com
E-mail: mzfz@npcpub.com
经销 / 新华书店
开本 / 16 开　　640 毫米 ×920 毫米
印张 / 12　　　**字数** / 79 千字
版本 / 2021 年 4 月第 1 版　　　2021 年 4 月第 1 次印刷
印刷 / 唐山才智印刷有限公司

书号 / ISBN 978-7-5162-2179-2
定价 / 39.80 元

我叫王小强，自认是个达观的乐天派，虽不说事业有成，但也小有成绩，唯一的爱好就是研究法律，只因吃过不懂法的亏，也尝过以法律保护自己和身边朋友权益的成就感。

我所遇到过的纠纷，可能是你，也可能是他/她正在经历的纠纷，博学多思、古道热肠的我今天化身“普法男神”，让你远离法律盲区，为你保驾护航，让法律能够成为每一个人的合法武器！

民法典
诞生

继承编

每个人从呱呱坠地到辞别人世，一生要面临很多事，包括亲目死亡。伴随死亡的是遗产的纷争，是继承的难题。理不清的遗产纠纷，着实让人头疼。唯有了解继承，才能有效解决这些争端，才能更好地维护自身权益。

我们总说法律无情，实际上法律亦可有情。新的《中华人民共和国民法典》（以下简称《民法典》）继承编兼顾现实人情，在丧失继承权的条款中，增添了宽宥制度，让真心悔过的继承人可以重新拥有继承的权利。此项改变对修复家庭温情、维系家庭关系具有重大意义。

随着生活水平的提高，人民的财产越来越多，形式也越来越多样。尤其是网络虚拟财产的出现，使原有法律中规定的遗产范围难以适用，所以新的《民法典》继承编改变了关于遗产逐项规定的立法模式，扩大了遗产范围，最大限度地保障财产继承的需要。

关于遗嘱，相较于旧法，新颁布的《民法典》中，遗嘱的形式更加多样化，增加了打印遗嘱和录像遗嘱两项。此外，为了适应尊重遗嘱自由的立法理念，新法摒弃了“公证遗嘱的效力优先规则”，这样不仅有利于还原遗嘱人的真实意愿，也有利于社会公平与和谐。

同时，对于遗产继承人做了新的定义，从原来的法定继承人限于配偶、子女、父母、兄弟姐妹、祖父母、外祖父母，增加了侄子、侄女、外甥、外甥女，通过代位继承解决了在没有原继承法规定的法定继承人的情况下，财产的归属问题。

此外，《民法典》创设了“遗产管理人”的制度，这个创新既可以对遗产进行更好、更规范的保护、管理，又减少了遗产纠纷的问题，对促进社会主义经济的和谐发展具有重要的意义。

第一章 继承有条件，遗产有范围

第二章 珍惜继承权，三思而后行

第三章 合法继承人，权利早知道

第四章 分多分少，份额“法”定

第五章 谨慎立遗嘱，章程要记牢

第八章 遗产继承，债务先“清”

第一章

继承有**条件**，遗产有**范围**。

1 离婚后再分割遗产，妻子就没有份了吗？

1985 年，王小强出生了，出生的第二年王小强的外公陈强突然病故，给孩子们留下一栋楼房和一笔数目可观的存款，还有一片种有 5000 余棵树的林地。外公病故得突然，没有留下遗嘱和只言片语，此时，舅舅陈奋进与舅妈孙茹因为感情不和正在准备离婚，陈奋进为了防止妻子孙茹离婚时多分财产，一直没有提出父亲遗产的分割方案。

1987 年 11 月，陈奋进和孙茹通过诉讼离婚了。1988 年 6 月，陈奋进、陈继兰、陈继红、陈继敏兄妹四人平分了父亲留下的房子和现金。本以为一别两宽、再无联系的孙茹知道这个消息后，认为该遗产是陈奋进在他们婚姻关系存续期间继承所得，属于夫妻共同财产，要求分给自己一半。但陈奋进认为，两人已经离婚，所以继承的遗产和孙茹没有关系。请问，孙茹的要求能得到法律支持吗？

小强说法

在遗产分割后，各继承人就其分得的份额，成为单独所有人。但遗产的分割具有溯及力，其效力应自继承开始时发生，即从继承开始时起，继承人分得的财产已专属于继承人所有。

在案例中，陈强是在陈奋进与孙茹离婚前去世的，根据《民法典》的规定，继承从被继承人死亡时开始。也就是说，从陈强去世的那一刻开始，继承就开始了，虽然遗产没有进行分割，但陈奋进已经就自己应得的一份遗产拥有了所有权。而此时陈奋进和孙茹还没有离婚，分得的遗产属于婚姻关系存续期间所得的财产，根据《民法典》的规定，在双方没有另外约定的情况下，应当认定为夫妻双方共有财产。因为离婚时该部分财产没有归入夫妻共同财产进行分割，因此，离婚后孙茹作为共有人有权请求将该部分夫妻共同财产再次进行分割。

法典在线

《中华人民共和国民法典》第一千一百二十一条　继承从被继承人死亡时开始。

相互有继承关系的数人在同一事件中死亡，难以确定死亡时间的，推定没有其他继承人的人先死亡。都有其他继承人，辈份不同的，推定长辈先死亡；辈份相同的，推定同时死亡，相互不发生继承。

2 相互有继承关系的人在同一时间死亡怎么办？

王小强的32岁生日马上就要到了，他呼朋唤友准备给自己庆祝一下。好朋友李新带着妻子王芳、儿子李永和女儿李琳一起出门，当天雨下得有些大，李新没有看见路口急速驶出的大货车，导致车祸发生。救护车赶到时，李新四人皆无呼吸，难以确定各自的死亡时间。李新父母早亡，且无兄弟姐妹，妻子王芳母亲尚在，儿子李永有妻子小夏。四人死亡后，王芳母亲、李永妻子小夏就遗产归属产生纠纷。小夏认为，遗产应该平分，但王芳母亲则认为不应该平分。王小强一直觉得事故是因为他过生日引起的，非常内疚，当从朋友口中得知王芳母亲和小夏的纠纷后，小强决定帮助李新家人解决遗产纠纷。那么，二人该如何分配遗产呢？

小强说法

此案涉及的是死亡时间的确定问题。《民法典》

明确规定，相互有继承关系的数人同时死亡，无法确认死亡时间的，没有继承人的推定先死亡，都有继承人的，推定长辈先死亡；辈份相同的，推定同时死亡，相互不发生继承。

在本案中，李新和王芳辈份相同，李永和李琳辈份相同，他们各自之间不发生继承。李新和王芳是李永、李琳的父亲和母亲，此时推定二人先死亡，由于二人系夫妻关系，所以个人遗产是夫妻共有财产的一半。李新的继承人有李永和李琳二人，他们可以平分李新的遗产。王芳的继承人有母亲、李永和李琳三人，三人可以平分王芳的财产。

下面，我们再来看李永和李琳遗产的分配情况。

哥哥李永的第一顺序继承人是妻子小夏，小夏可以获得上述李永所获得的全部遗产。妹妹李琳的继承人只有第二顺序继承人外祖母（王芳母亲），所以外祖母可以获得李琳的全部遗产。

综上可知，上述遗产是不能由王芳母亲和小夏均分的，王芳母亲获得的遗产更多一些。

法典在线

《中华人民共和国民法典》第一千一百二十一条　继承从被继承人死亡时开始。

相互有继承关系的数人在同一事件中死亡，难以确定死亡时间的，推定没有其他继承人的人先死亡。都有其他继承人，辈份不同的，推定长辈先死亡；辈份相同的，推定同时死亡，相互不发生继承。

3 农村宅基地能作为遗产继承吗？

王小强的外公陈强有个弟弟名叫陈生。陈生因为经常帮哥哥去段家村种植树苗，便以自己、妻子段淑和大儿子陈明理、二儿子陈明学的名义在段家村申请了一块宅基地，准备建房在此生活。2年后，小女儿陈明月出生。时间转瞬即逝，明月出嫁了，没过几年陈生也去世了。两个儿子在原来宅基地上拆除旧房盖起6间新房，每人3间，母亲在两家轮流居住。几年后，因为公路规划房屋面临拆迁，获得拆迁补偿款和宅基地使用权补偿款共计50多万。出嫁的妹妹知道后认为这钱属于父亲的遗产，自己也应分得一份，但两个哥哥认为宅基地不属于遗产，妹妹无权继承。那么，农村宅基地能否作为遗产继承呢？

小强说法

从表面上看，本案的争议标的是宅基地补偿款。但是，宅基地使用权是宅基地补偿款的发生原因，所以，本案实则是对宅基地使用权归属的争议，只有明确了宅基地使用权的权属，才能明确宅基地补偿款的所有人。

《民法典》规定，自然人死亡时遗留的个人合法财产都是遗产，那么，本案中首先要确认宅基地使用权是否属于公民个人的合法财产，如果属于，那么陈明月的主张就是合法的。

宅基地使用权是为了维护广大农村居民的居住权利而特设的一种特殊物权。它属于一种特殊的财产，具有一定的福利性，是具备社会保障功能的财产，宅基地使用权因出生而获得（不一定实际享有），因死亡而灭失。也就是说，宅基地的使用权是不能作为个人财产被继承的。

此外，宅基地使用权是家庭共同共有的财产（根据通说，目前的共同共有主要包括有基于夫妻婚姻关系的共同共有、基于家庭关系产生的家庭共同共有、基于遗产分割前的共同共有），这些财产是家庭成员共同生活、共同劳动、共同创造的财产。共同共有是以共同关系的存在为前提的，因共同关系的产生而产生，因共同关系的消灭而消灭。只要共同关系依然存在，就不会出现分割问题，各共同共有人对全部的共有财产享有平等权利，承担平等义务。基于家庭关系产生的家庭共同共有，只要家庭仍然处于存续阶段，就不会出现家庭共有财产分割的问题。而且，家庭个别成员的死亡，并不会导致家庭关系的消失，也就是没有形成可以分割的个人份额。在本案中，陈生在死亡前，宅基地使用权并不是其个人的财产，其死亡后，宅基地使用权依然不属于其个人财产，而是作为家庭共有财产继续存续下去。从这一角度而言，宅基地使用权仍然是不可以继承的。

综上而言，本案中的宅基地使用权不属于陈生的遗产，其使用权归陈明理和陈明学两家所有，所以宅基地补偿款也属于陈明理和陈明学两家。

4 承包合同能不能继承？

王小强的外公陈强留下的房产和现金兄妹四人平均分配后，四人就其留下的承包合同与村委会产生纠纷。10年前，陈强与郊区段家村签订了一份承包合同，承包了段家村50亩荒山，为期20年。经过几年艰苦努力，陈强去世前种植的树达到5000余棵。陈强死后，村里干部认为承包人已死，当年的合同就应该作废，要无偿收回种植的山林。陈奋进、陈继兰、陈继红、陈继敏兄妹四人就承包权和5000余棵树的归属问题多次跟村委会谈判，多年都没有结果。

请问，“承包人死后，其继承人能不能继承其承包的个人收益？陈奋进、陈继兰、陈继红、陈继敏兄妹四人可否继续承包合同？”

小强说法

承包合同是承包人与组织或他人共同签订的协

议，是合同关系。如果是以家庭的名义与集体签订了20年的承包合同，陈强作为户主死亡了，还应当由他全家继续承包，并不发生承包权的转移问题；如果陈强是以个人的名义与集体签订的承包合同。那么，陈强死亡后，由于承包人已死亡，就需要根据承包人的继承人继续承包的条件重新考虑，这就有可能发生承包权的转移。陈强的家人能否继续承包，需要与集体重新商定，如果集体同意继续承包，也应续订承包合同。根据上述的情况，个人承包荒山植树，收益周期长，承包期限长，承包人死亡后，一般应当允许子女继续承包，但这与继承不同，继续承包，只是承包权的继续，不是对被继承人个人财产的继承。如果集体确有理由不同意继续承包也是可以的，因为承包人已死亡，承包合同自然终止，集体收回承包权也是合法的。但必须指出，承包经营权是受国家法律保护的，承包双方的权利和义务，应依照法律由承包合同规定。

《民法典》将合法财产确定为自然人死亡后的遗产，但并没有就个人财产的范围进行列举。但《最高人民法院关于贯彻执行〈中华人民共和国继承法〉若干问题的意见》第4条规定了承包人死亡时尚未取得承包收益的，可把死者生前对承包所投入的资金和所付出的劳动及其增值和孳息，由发包单位或者接续承包合同的人合理折价、补偿，其价额作为遗产。按照这一规定，陈强开垦荒地并种了5000多棵树，树已成林。其中陈强投入了资金，付出了劳动，其投入的资金和所付出劳动的价款，可作为遗产，由其合法继承人继承。

5 网店的经营权可以继承吗？

王小强的好朋友李新去世后，小强一直默默地帮助李新的岳母和儿媳小夏。小夏单位效益不太好，王小强看到近几年电子商务发展迅猛，于是建议小夏在淘宝上开个店铺。小夏思量再三，最终在淘宝上开了一家经营日用品的网店。经过几年的经营，已经拥有了一定的人气。后来，小夏认识了在保险公司上班的张伟，两人结为夫妻。工作之余，张伟会帮小夏整理店铺。两年后，小夏生了女儿张萌，日子本来应该越过越美好，谁知天有不测风云，小夏在一次登山活动中意外死亡。张伟处理了小夏的后事之后就网店经营权问题找到淘宝官方客服，要求把网店过户到自己名下，因为张伟认为，小夏的网店属于其个人遗产，是可以继承的。那么，网店究竟属不属于个人遗产呢？

小强说法

该案涉及的是遗产范围的问题，而且是典型的虚拟财产问题。

在《民法典》中，并没有对遗产的范围作出详细的列举，更没有提及虚拟财产问题。但法规明确指出，遗产是自然人死亡时遗留的个人合法财产。网店虽然不同于实体店，没有实物，但同样具有价值，由此来看，网店属于个人合法财产。

此外，淘宝网也支持网店经营者去世后，其继承人办理过户，继续经营网店。所以，本案中，张伟可以根据继承的法律法规，准备好相应材料，然后到淘宝网进行经营权人变更注册。

新法亮点

随着社会的发展，个人财产越来越多，财产形式也日趋多样，如网店、公众号、微博账号、微信账号、网络装备、虚拟货币等虚拟财产。针对以上问题，《民法典》继承编删除了旧法中对遗产的列举，用“合法财产”概括，此举扩大了遗产范围，可以有效解决不明遗产的纠纷问题。

GAME
我们也是继承的合法财产
可继承的合法遗产类型越来越多啦！
个人财产越来越多，财产形式也日趋多样，虚拟财产也属于可以继承的合法财产。
我是继承的合法财产

6 死亡保险金是给谁的？

小夏和张伟结婚后，因为张伟在保险公司上班，在张伟的规划下两人都购买了人身保险，在受益人方面，都将受益人写成彼此。

小夏与驴友参加登山活动，途中不幸遭遇意外身亡。小夏去世后，保险公司进行了核实调查，确定小夏为意外身亡，于是按规定赔付给小夏50万元的保险金。小夏父母得知此事后，找到张伟索要保险金。小夏父母认为：小夏的网店他们不会经营，后续张伟要照顾孩子，网店他们可以不要，但这笔保险金，他们应该享有继承权和张伟按份平分。但张伟并不认同小夏父母的说法，他认为既然保险受益人写的是他的名字，保险金就应该是他的，和小夏父母没有关系。那么，这笔人身保险金到底属不属于遗产呢？该由谁来领取呢？

小强说法

这个故事涉及的纠纷是遗产范围问题。《民法典》明确规定，遗产是自然人死亡时遗留的个人合法财产。具体来看，遗产包括自然人的收入、房屋、储蓄和生活用品；林木、牲畜和家禽；文物、图书资料；法律允许公民所有的生产资料；著作权、专利权中的财产权利等个人合法财产。不过，此规定没有直接提到保险金，那么，保险金到底属不属于遗产呢？又该由谁领取呢？

保险法第42条规定了被保险人死亡后，有下列情形之一的，保险金作为被保险人的遗产，由保险人依照《中华人民共和国继承法》的规定履行给付保险金的义务：（1）没有指定受益人，或者受益人指定不明无法确定的；（2）受益人先于被保险人死亡，没有其他受益人的；（3）受益人依法丧失受益权或者放弃受益权，没有其他受益人的。受益人与被保险人在同一事件中死亡，且不能确定死亡先后顺序的，推定受益人死亡在先。

由此来看，人身保险金能否列入被保险人的遗产，取决于被保险人是否指定了受益人。在案例中，小夏已经指定张伟为人身保险的受益人，那么，小夏死亡后，保险金就应当付给受益人即张伟，而不能作为遗产处理。

7 股票属不属于遗产?

小夏去世后，她和张伟投资股票设立的账户由张伟一人打理，收益尚可。小夏去世的第7年，张伟也突发疾病去世，因张伟的父母均已过世，独生女张萌继承了家里全部遗产，但对于父亲持有的股票账户和里面的收益，张萌一筹莫展。其一，她不知道股票属不属于遗产。其二，她根本不知道账户名和密码，在这种情况下，她要如何获得里面的收益?

小强说法

这个故事涉及的是遗产范围问题。股票是一种有价证券，公民可以依法拥有，成为个人财产。既然是张伟的个人合法财产，在其去世后，自然也应该计入他的遗产，由他的继承人张萌依法继承。

在张萌不知道账户名和密码的情况下，她想要继承父亲的股票账户，就需要先证明她和账户户主的户籍关系，开具证明，证明她是唯一的合法继承人。手续办好后，证券公司会允许张萌修改账户名和密码，查看账户金额并提取。

8 著作权能继承吗？

王小强的外公去世前根据自己多年种植树木的经验，撰写了一本《种植栽培大全》的书稿。由于其精于种植树木、花草多年，经验丰富，且为人严谨，所以在不断完善此书，但直至其去世前也没有与出版单位联系出版。女儿陈继红认为，种植是父亲终生的事业，而这本书稿是父亲毕生的心血，不忍其心血白费，就想把这本书出版，于是在父亲死后联系了一家出版社出版了其父的遗著，并得到5万元的稿酬。

不久后，陈奋进、陈继兰、陈继敏三人得知父亲的遗稿出版，便找到陈继红理论，三人认为稿酬也是父亲的遗产，他们也应该继承。陈继红拒绝了他们的这一要求，认为父亲的遗产已经分割完了，父亲的书稿当时全家没人过问，是自己多方奔走才得以出版的，在此过程中，三人皆认为父亲的书稿没有什么价值，对于联系出版的事情不管不顾。现在，想要平分稿酬，是不合理的。双方争执不下，那么，遗稿属不属于遗产呢？陈奋进、陈继兰、陈继敏三人有权分稿酬吗？

小强说法

本案主要涉及遗产的范围问题。

遗产，亦称“继承客体”，是指被继承人死亡时遗留的个人所有财产和法律规定可以继承的其他财产权益，其中就包括债权和著作权、专利权等。而公民的著作权、专利权等，不仅其本人可以在生前享有，本人死后，还可以作为遗产由其合法继承人继承。

本案中，死者的遗稿也是遗产，而稿酬是通过遗稿获得的财产价值，当然也是死者的遗产。既然属于遗产，那么，陈奋进、陈继兰、陈继敏三人作为其父的合法继承人，是有权利分稿酬的。不过，考虑陈继红对遗稿的出版、稿费的获取起了主要作用，所以，该遗产可以施行不均等分割，陈继红可以多分，陈奋进、陈继兰、陈继敏三人可能会少分。

9 “借款”属于遗产吗？

张伟的朋友韩东因做生意向张伟借了5万元，并打了借条，上面写明1年后归还。转眼1年过去，韩东并未还钱，张伟去世后，女儿张萌在收拾父亲遗物时发现了这张借条，张萌拿着借条找到韩东，希望其归还借款，韩东却说张萌没有权利要钱，因为这笔钱是向张伟借的，而不是向张萌。张萌多次讨要无果，无奈之下，只能求助一直关心她的王小强，希望他能帮助自己要回父亲的钱。那么，如果张萌向人民法院提起诉讼，能要回这笔钱吗？

小强说法

本案涉及两个问题，一是“借款”属不属于遗产的问题，二是人民法院是否支持张萌索要“借款”。

1. 遗产范围

通过前面的案例已知，遗产是自然人死亡时遗留的个人合法财产，包括积极遗产和消极遗产。积极遗产，是指死者生前个人所有的财物和可以继承的其他合法财产权益，如收入、房屋、储蓄和生活用品、文物、图书资料、生产资料、著作权和专利权中的财产权利、有价证券和履行标的为财物的债权等。消极遗产，是指死者在生前所欠的个人债务。

本案中，韩东向张伟打的借条属于履行标的为财物的债权，是张伟的个人合法财产，张伟死亡后属于其遗产，可以由第一顺位人——子女继承。

2. 公民私有财产继承权的保护

我国法律明确规定，保护公民的私有财产的继承权。保护公民私有财产继承权的含义主要包括两方面：

（1）保护公民的私有财产继承权依法行使得以实现，不受非法侵害；

（2）公民财产继承权受到侵害时，国家以其强制力予以保护。

本案中，韩东拒绝偿还借款，已经侵犯了张萌的合法继承权，张萌有权在法律规定的期限内通过诉讼程序请求人民法院依法给予保护，要回这笔欠款。

法典在线

《中华人民共和国民法典》第一千一百二十条 国家保护自然人的继承权。

《中华人民共和国民法典》第一千一百二十二条 遗产是自然人死亡时遗留的个人合法财产。

依照法律规定或者根据其性质不得继承的遗产，不得继承。

第二章

珍惜继承权，三思而后行。

1 放弃继承后又后悔，能重新拿到遗产吗？

小夏去世后，小夏的父母基于张伟以后要照顾外孙女张萌，而且老两口也不懂网店经营，决定放弃小夏的遗产分配，并在分配方案上签了字明确表示放弃继承权。于是，张伟继承了小夏的遗产。但之后因索要小夏保险金被拒，以及担心张伟再婚后，张萌生活没有保障，二老对遗产分割又反悔了，请求撤销放弃继承权的意思表示。张伟拒绝了他们的这一要求。因此，两位老人向人民法院提起遗产继承的诉讼请求。那么，人民法院会支持他们的诉讼请求吗？

小强说法

此案涉及的是继承权的接受和放弃的法律问题。

接受继承，是指在继承开始后、遗产分割前，继承人同意继承并接受被继承人遗产的单方民事法律行为。遗嘱继承人对继承的接受既可以明示的方式作出，也可以默示的方式进行，如果在法定期限内未进行明确表示的，法律推定其接受继承。

放弃继承，是指在继承开始后、遗产分割前，继承人拒绝继承，不接受被继承人遗产的单方民事法律行为。根据《民法典》规定，遗嘱继承人放弃继承权的意思表示应以明示的方式作出，未明确表示放弃继承的，视为接受继承。

在本案中，小夏父母在继承开始后、遗产分割前在放弃继承的书面文件上签了字，表明他们的放弃行为已经生效。那么，小夏父母的放弃继承权的行为能否撤销呢？

根据相关法律规定，继承人在放弃继承权后，如果放弃继承权的意思表示存在瑕疵（如有重大误解、受欺诈或胁迫等），则应允许继承人撤销放弃继承权的意思表示。但本案中没有上述情况。又根据《最高人民法院关于贯彻执行〈中华人民共和国继承法〉若干问题的意见》第50条规定，遗产处理前或在诉讼进行中，继承人对放弃继承反悔的，由人民法院根据其提出的具体理由，决定是否承认。遗产处理后，继承人对放弃继承反悔的，不予承认。本案中，小夏父母虽然有具体理由，但因为遗产分割已经结束，所以，人民法院很难支持小夏父母的诉讼请求。

法典在线

《中华人民共和国民法典》第一千一百二十四条　继承开始后，继承人放弃继承的，应当在遗产处理前，以书面形式作出放弃继承的表示；没有表示的，视为接受继承。

受遗赠人应当在知道受遗赠后六十日内，作出接受或者放弃受遗赠的表示；到期没有表示的，视为放弃受遗赠。

新法亮点

《民法典》明确了放弃继承需要“书面形式”确定，不仅可以减少因放弃继承权而产生的纠纷，也更有利于家庭和睦、社会和谐。

2 超过受遗赠期限还能拿到遗产吗？

段林是段家村的农民，自幼失去双亲，王小强外公陈强看其可怜一直让其看护承包的林场，并帮他撮合了一门婚事。段林婚后一直没有孩子，妻子生病去世后，段林便一直独自生活。后来，段林被查出生了重病，临终前写下一份遗嘱，表示他死后将自己的遗产全部赠给自己的堂弟段民。段林去世后，村委会在办理他的丧事时，发现了这份遗嘱，便通知段民前来接受遗赠。段民自知在堂兄死前未对他有任何照顾，无颜接受段林的赠与，所以一直没有答复村委会。

半年后，段民病重去世。段民的儿子段思裕在处理完父亲的丧事后，突然想起父亲还没有接受伯父段林赠与的财产，就去伯父所在的村子，告知村委会段民已经去世，自己是他的儿子，提出代替父亲接受段林赠与的财产。但村委会告知段思裕，段林的遗产已经归村集体所有。段思裕不明白，村集体有没有权利这么做？

小强说法

本案涉及的是遗赠的法律问题。

遗赠，是指公民以遗嘱的方式将其个人合法财产的一部分或全部赠送给国家、集体组织或者法定继承人以外的公民，并于遗赠人死亡后才发生法律效力的单方法律行为。立遗嘱的公民为遗赠人，被指定赠与财产的人为受遗赠人，遗嘱中指定赠与的财产为遗赠财产或遗赠物。

遗赠属于赠与关系，是赠与人将自己的财产无偿赠与受赠人，受赠人表示接受赠与的合同关系，在受赠人表示接受的时候，赠与法律关系才成立。《民法典》规定受遗赠人应当在知道受遗赠后的60日内，作出是否接受遗赠的表示，到期未作表示的，视为放弃遗赠。

本案中，段民知道段林将其财产赠与自己后60日内未作出接受的表示，则赠与关系未成立，视为其放弃遗赠。同时，在段林没有其他法定继承人的情况下，根据法律规定，遗产归国家或集体所有制组织所有。

法典在线

《中华人民共和国民法典》第一千一百二十四条　继承开始后，继承人放弃继承的，应当在遗产处理前，以书面形式作出放弃继承的表示；没有表示的，视为接受继承。

受遗赠人应当在知道受遗赠后六十日内，作出接受或者放弃受遗赠的表示；到期没有表示的，视为放弃受遗赠。

《中华人民共和国民法典》第一千一百六十条　无人继承又无人受遗赠的遗产，归国家所有，用于公益事业；死者生前是集体所有制组织成员的，归所在集体所有制组织所有。

3 虐待父母已悔过的，遗产还有份吗？

王小强和住其楼下陶然年龄差不多，两人又都爱打球，一来二去的就成了好朋友。陶然母亲很早就去世了，妹妹陶欣刚工作没多久。原本陶然父亲独自居住，但最近身体越来越虚弱，无法自己生活，于是住到了儿子陶然家里。陶然妻子陈佳觉得父亲住进自己家很不方便，经常对陶然诉说老人的种种毛病，久而久之，陶然对父亲也心生厌烦，于是开始和妻子一起对老人百般挑剔，为一些小事就训斥老人。有一次，老人手抖打碎了饭碗，陶然夫妻就不许老人吃饭。老人一直忍气吞声，直到陶然和妻子变本加厉，开始对他动手，陶然父亲才将一切告诉女儿陶欣。

陶欣听说了父亲的遭遇，十分气愤，训斥了哥哥和嫂子，然后将父亲接到了家中。陶然虐待父亲的事情被亲戚们知道后，大家的口诛笔伐，让陶然幡然醒悟。他与妻子诚心给父亲道了歉，并保证今后会好好对待父亲。父亲原谅了儿子和儿媳，重新和他们生活在了一起。半年后，老人安详地去世了，没有立遗嘱。在分割遗产时，陶欣不同意与哥哥平分遗产，她认为，哥哥虐待父亲，所以理应丧失继承权。那么，陶然是否丧失了继承权呢?

小强说法

本案涉及的是虐待被继承人，继承权是否丧失的问题。《民法典》规定了多种继承权丧失的情形。其中遗弃被继承人，是指继承人有能力和条件尽扶养义务而故意不尽扶养义务，使没有独立生活能力的被继承人陷入困苦之中。虐待被继承人，是指继承人对被继承人故意进行肉体或精神上的折磨与摧残。继承人虐待被继承人情节是否严重，可以从实施虐待行为的时间、手段、后果和社会影响等方面认定。虐待被继承人情节严重的，不论是否追究刑事责任，均可确认其丧失继承权。

本案中，陶然夫妇训斥、禁止吃饭及动手打父亲的行为，都属于虐待，而且时间较长，可认定为情节严重。但是《民法典》同时也规定继承人在上述情况发生后确有悔改表现，并且被继承人表示宽恕或者事后在遗嘱中将其列为继承人的，该继承人不丧失继承权。在案例中，陶然和妻子已经意识到了自己的错误，并向老人道了歉，老人也原谅了二人。因此，陶然的继承权并没有丧失，依旧可以继承其父亲的遗产。

4 杀害父母，继承权是不是自动丧失？

陶然虐待老人的事情被王小强知道后，王小强多次从各方面对陶然进行规劝，希望陶然能改过自新，孝顺父亲。王小强给陶然讲起他另外一个朋友小卓的事情：小卓是个孤儿，从小被孙某收养，孙某一直没有结婚，并用心抚养小卓，小卓对孙某也满怀感激，像对待亲生父亲一般。孙某50多岁时，查出得了绝症。小卓劝父亲卖掉房子治病，但孙某认为，自己已经无药可医，于是坚决不同意。孙某日日受病痛折磨，痛不欲生，小卓心想不如让其安乐死，摆脱这种无止境的折磨，于是在孙某的药中放了过量的安眠药。事后，小卓想起孙某对他的养育之恩，于心不忍，便将孙某送医抢救，孙某最终脱险。小卓因此事锒铛入狱，虽然孙某宽恕了小卓的行为，但小卓还是被判了几年刑。

小卓服刑期满后孙某已经死亡，留下一套房子和若干存款。孙某的弟弟与小卓为分割遗产发生争执，孙某弟弟认为小卓对被继承人孙某有杀害行为，无权继承其遗产。小卓则认为孙某生前已原谅自己，因此可以继承孙某的遗产。但最终小卓并没有获得继承遗产的权利，这是为什么？

小强说法

本案涉及的是继承权丧失问题。继承人故意杀害被继承人是一种严重的犯罪行为，不论其是否受到刑事责任的追究，都丧失继承权。故意杀害被继承人须具备以下两个条件：一是杀害是以剥夺生命为目的的，不论其出于何种动机杀害，不论其是采取何种手段杀害，不论是亲手杀害还是教唆他人杀害，也不论杀害行为是既遂或未遂，只要继承人的行为目的是剥夺被继承人的生命，就构成杀害被继承人的行为。二是继承人主观上须有杀害的故意。若继承人杀害被继承人并不是其主观上的故意，就不造成继承权的丧失。比如继承人由于过失致被继承人死亡的。

在案例中，小卓的行为目的是剥夺孙某的生命，即使其动机是使被继承人脱离病痛折磨，且没有造成孙某死亡的犯罪结果，但仍然构成了故意杀害被继承人的行为。所以，小卓的行为符合继承权丧失的条件，其继承权应当被剥夺。

5 迫不得已杀害其他继承人，是否丧失继承权？

讲到小卓的故事，就引出另外一个案子：孙大叔夫妇共有3个孩子，大儿子孙勇为人老实，对父母十分孝顺。二女儿孙雨已经嫁人，只偶尔回家一趟。二儿子孙飞性格暴躁，好吃懒做，不务正业，经常与孙大叔夫妇发生口角，还时不时与孙大叔夫妇要钱，孙大叔夫妇不给，他就对二老拳打脚踢。孙勇多次劝阻孙飞，但孙飞屡教不改，还动手殴打哥哥。

孙飞的恶行让孙大叔再也无法忍受，于是和大儿子孙勇合谋将其杀害，事后二人主动自首，人民法院鉴于孙飞的行为，对孙大叔和孙勇从宽处罚。10多年后，孙大叔和孙勇刑满释放。两年后，孙大叔夫妇相继去世，留下几间房屋和一些积蓄。孙勇与孙雨因遗产分割发生纠纷，孙雨认为孙勇故意杀害了继承人孙飞，故没有资格继承父亲遗产。那么，孙勇是否丧失了继承权呢？

小强说法

本案涉及的是丧失继承权问题。根据《民法典》的规定，继承人因为争夺遗产而杀害其他继承人的，丧失继承权。构成继承人为争夺遗产杀害其他继承人的行为，须具备以下两个条件：

（1）构成该行为的客观条件是继承人杀害的对象是其他继承人。继承人杀害其他继承人，是指继承人实施剥夺其他继承人生命的违法犯罪行为。这种行为的主体为继承人，被杀害的对象是其他继承人。不论继承人是直接杀害还是教唆他人杀害，也不论杀害行为是既遂还是未遂，只要其实施了杀害其他继承人的行为，均构成丧失继承权的条件。

（2）构成该行为的主观要件是继承人是以争夺遗产为目的杀害其他继承人。即继承人杀害其他继承人必有主观上为争夺遗产的故意。如果继承人杀害其他继承人是为了其他目的，出于其他的动机，而非争夺遗产，其虽承担刑事责任，但其继承权不因此而丧失。即使继承人因杀害了其他继承人而使其实际上得到的遗产增多，但只要继承人不是以争夺遗产为杀害的动机和目的，就不能因此而丧失继承权。

在案例中，孙勇的情况只符合其一，即确实杀害了其他合法继承人——孙飞。而在杀害动机上，孙勇是为了保护家人，并不是为了争夺遗产。所以，孙勇并不丧失对其父母遗产的继承权。

6 藏匿遗嘱被发现的，是不是可以剥夺继承权？

费海与妻子李梅结婚10年，育有一子费云，费云18岁时，其母李梅因病去世。之后，费海下海经商，生意越做越大，费云大学毕业后即进入公司，与费海一起经营公司。之后，费海和江思思再婚，并生了一个女儿。女儿8岁时，费海在一次出差中因飞机失事身亡。

费云知道父亲已经写了一份自书遗嘱，就放于公司办公室的保险柜内，得知父亲已故的消息后，他找专业锁匠打开了保险柜，取出了父亲的遗嘱。遗嘱写明：公司归费云，其他财产都留给江思思和女儿。看到这份遗嘱，费云很不满，他认为父亲现在拥有的家产都是自己和父亲一起打拼的，不甘心分给继母和妹妹，于是他将遗嘱藏了起来，并告知继母，父亲留有口头遗嘱，继母所居住的房子和手里的存款都归继母和妹妹所有，而公司和其他房产、股票等，都归他所有。江思思信以为真，直接在费云准备好的遗产分割协议上签了字。后来，江思思在一次打扫房间时发现了遗嘱备份，知道了费云隐藏遗嘱的事情，于是向人民法院提起诉讼，要求重新分配遗产。那么，人民法院会支持江思思的诉求吗？费云隐匿遗嘱以及伪造口头遗嘱的行为，法律将作何判定呢？

小强说法

遗嘱的内容是立遗嘱人生前处分自己财产的意思表示，是遗嘱人生前行使所有权的表现，合法的遗嘱受法律保护，具有法律效力。继承人伪造、篡改、隐匿或者销毁被继承人所立合法遗嘱，实际上是对被继承人生前依法行使所有权行为的不法干预，否定了被继承人的真实意愿，侵害了被继承人的遗嘱自由权。

在本案中，费云为了个人利益，故意隐匿了费海的遗嘱，还伪造了口头遗嘱，其行为已经触犯法律规定，其继承权应该丧失。但是《民法典》同时也规定继承人确有悔改表现，被继承人表示宽恕的，该继承人不丧失继承权。所以，在本案中，最终结果还要看江思思的态度，如果江思思愿意原谅费云的利己行为，那么人民法院可以根据费海的遗嘱进行遗产分割。

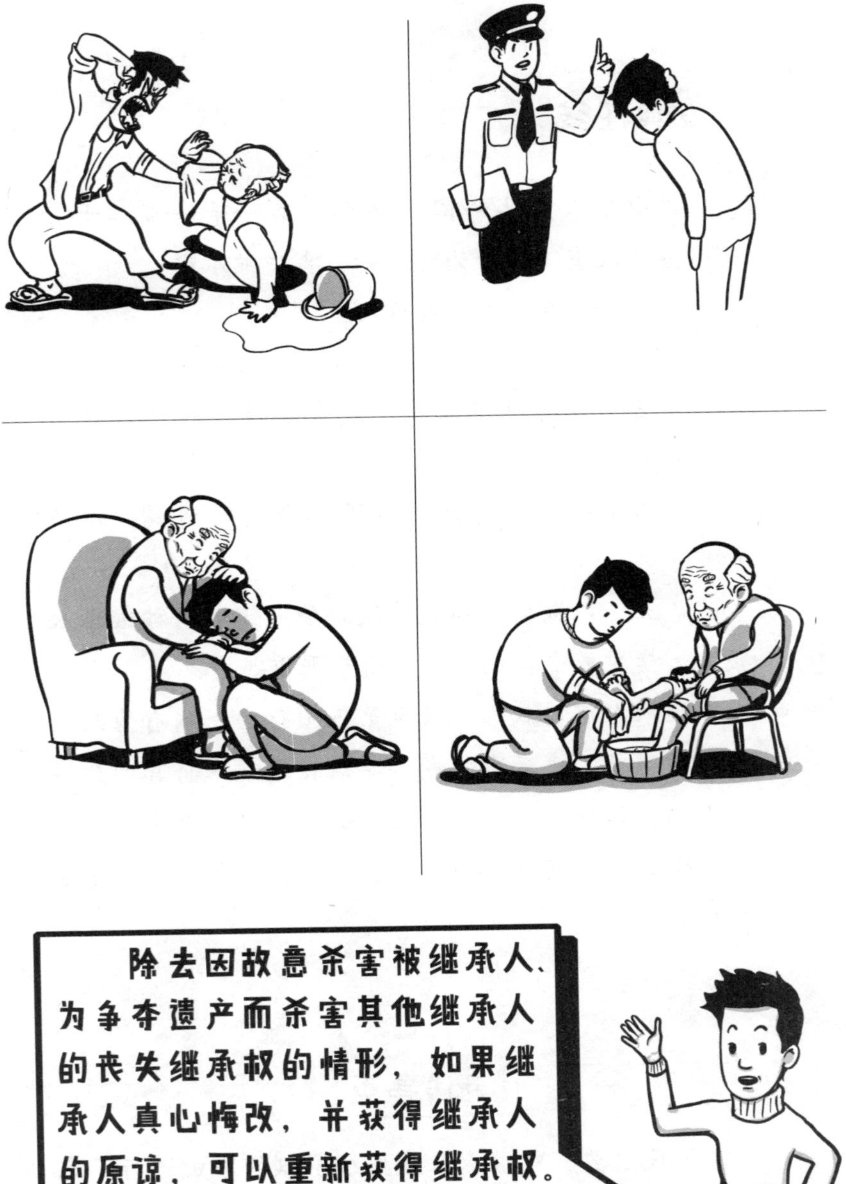
除去因故意杀害被继承人、为争夺遗产而杀害其他继承人的丧失继承权的情形，如果继承人真心悔改，并获得继承人的原谅，可以重新获得继承权。

法典在线

《中华人民共和国民法典》第一千一百二十五条　继承人有下列行为之一的，丧失继承权：

（一）故意杀害被继承人；

（二）为争夺遗产而杀害其他继承人；

（三）遗弃被继承人，或者虐待被继承人情节严重；

（四）伪造、篡改、隐匿或者销毁遗嘱，情节严重；

（五）以欺诈、胁迫手段迫使或者妨碍被继承人设立、变更或者撤回遗嘱，情节严重。

继承人有前款第三项至第五项行为，确有悔改表现，被继承人表示宽恕或者事后在遗嘱中将其列为继承人的，该继承人不丧失继承权。

受遗赠人有本条第一款规定行为的，丧失受遗赠权。

新法亮点

《民法典》对继承人丧失继承权的事由进行了完善，其一是增加了隐匿遗嘱的规定，在现实案例中，隐匿遗嘱的行为往往会造成遗产分配不公，所以，有必要用法律加以约束。其二是新设了第五项丧失继承权的事由，在现实案例中，以欺诈、胁迫手段对继承人施加影响，同样会影响遗嘱的公正。

同时在丧失继承权的条款中，补充增加了一项宽宥制度，如果继承人真心悔过，同时被继承人原谅继承人的违法行为，那么就给继承人一个机会，让其恢复继承的资格。宽宥制度的设立，不仅符合时下独生子女家庭越来越多的现状，也是充分尊重被继承人意见的表现，在民法领域落实意思自治原则的重要体现，使得法律更有人情味。

合法继承人，权利早知道。

第三章

继承权

1 独生子女为什么不能继承父母全部遗产？

王小强的好朋友岳呈呈是家里独子，3年前，岳呈呈的父亲岳刚过世，未立遗嘱。岳刚过世后，岳呈呈和母亲何兰及爷爷岳亮、奶奶蔡芳都没有提出对遗产进行分割。

去年，岳呈呈的爷爷奶奶和母亲一起外出，发生车祸，3人同时死亡。岳呈呈悲伤不已，王小强竭力安慰，并帮其料理后事。葬礼过后，就岳呈呈父母名下的房子的分割问题，岳呈呈与大伯、姑姑产生分歧。岳呈呈认为，他是独生子，房子理应由他继承。但大伯和姑姑却说，岳刚的房子，他们也是有继承权的。岳呈呈争执不过，找到了最近正在苦心专研法律的王小强，希望他能解答自己父母的房子，大伯和姑姑是否有继承权。

小强说法

本案是涉及法定继承顺序的纠纷。根据法律规定，没有遗嘱的，应该按照法定继承办理。《民法典》规定了遗产继承的第一顺序是配偶、子女、父母。本案中，岳呈呈的父亲岳刚去世时，其第一顺序继承人有妻子何兰、儿子岳呈呈和父亲岳亮、母亲蔡芳。而案例中所争执的房子当时是岳刚和何兰的共同财产，所以只有一半属于岳刚的遗产。这一半房产即由妻子何兰、儿子岳呈呈和父亲岳亮、母亲蔡芳四人平分。因此，岳呈呈的爷爷岳亮、奶奶蔡芳就拥有了房子的一定份额。

岳呈呈的爷爷岳亮、奶奶蔡芳去世后，其遗产应该由其第一顺序继承人儿子和女儿(即岳呈呈的大伯、爸爸和姑姑）继承，岳呈呈的爸爸已经去世，其部分由儿子岳呈呈代位继承。至此，岳呈呈的大伯和姑姑就拥有了房子的少量份额。

岳呈呈的母亲何兰去世后，其遗产应该由其第一顺序继承人丈夫、儿子和父母继承，因为丈夫已经去世，所以继承人为儿子和父母。所以，属于她的一半房产由岳呈呈和其外公外婆继承。

综上可知，岳呈呈对房产拥有大份额的继承权，其外公、外婆以及大伯、姑姑有小份额的继承权。

2 非婚生子女有继承权吗？

王小强的舅舅陈奋进离婚5年后，认识了韩娇。结婚1年后，二人生下一子陈威。但几年后，因为工作关系，陈奋进与下属白凤发生婚外情，并生下女儿白甜甜。两人知道这段感情必须结束，于是商量决定，女儿由白凤抚养，陈奋进每月给白凤抚养费。3年后，白凤带着女儿嫁给了李斌，自此以后，陈奋进就与白凤断绝了来往，陈奋进也不再给女儿抚养费。

白凤与李斌育有一儿一女，后因感情不和协议离婚。双方约定，女儿李夏沫跟女方生活，儿子李夏杰跟男方生活。离婚后，白凤与两个女儿生活困难，就想找陈奋进让其继续付给白甜甜抚养费，却得到陈奋进已病故的消息。白凤找到王小强的舅妈韩娇，言明白甜甜的身份，要求将陈奋进的遗产分出一部分给白甜甜，作为她的抚养费。王小强的舅妈韩娇认为白甜甜是因为陈奋进和白凤两人的错误而出生，与他们母子无关，他们没有必要付给白甜甜抚养费。请问，白甜甜是否享有对陈奋进遗产的继承权？

小强说法

此案涉及的是继承人的问题。根据《民法典》的规定，遗产的第一顺序继承人包括子女，而这里的子女包括非婚生子女。非婚生子女享有同婚生子女同等的权利，任何人不得加以危害和歧视。非婚生子女的生父，应负担子女必要的生活费和教育费的一部分或全部，直至子女能独立生活为止。

本案中，白甜甜作为陈奋进的非婚生女儿，与陈奋进的婚生儿子陈威一样，享有对陈奋进遗产的继承权。同时考虑白甜甜现在仅有十几岁，正在求学期间，根据我国法律规定对生活有特殊困难又缺乏劳动能力的继承人，分配遗产时，应当予以照顾。

3 养子能继承养父母和生父母的遗产吗？

王小强的大姨陈继兰和姨夫卫民华结婚多年一直没有孩子，经过检查，诊断其大姨患有不孕不育症。二人商量，最终收养了6岁的桃桃为养女。桃桃被收养3年后，王小强的大姨和姨夫通过人工授精生了儿子卫翰。陈继兰和卫民华对两个孩子都很疼爱，并无差别，但姐弟二人的关系并不好。

桃桃是5岁时被无力抚养自己的未婚母亲送至福利院的。桃桃成年后，找到了自己的亲生母亲宋某时，宋某已经结婚，并生了儿子阿本。宋某对遗弃桃桃的行为很后悔，桃桃表示理解，原谅了母亲，母女二人此后一直保持着联系。

卫民华出车祸去世后，在分配遗产上，卫翰和桃桃发生争执，卫翰认为桃桃是养女，所以没有资格继承遗产。正当桃桃为养父的遗产发愁时，又得知亲生母亲宋某去世的消息。因为母亲曾表示会留给她一部分财产，所以桃桃找到宋某的丈夫和儿子，要求平分宋某的遗产，但二人皆表示，宋某没有留下遗嘱，桃桃没有权利继承她的财产。

那么，在本案中，桃桃究竟可以继承谁的遗产呢？

本案涉及的是养子女是否有权利继承养父母和生父母遗产的问题。

1. 养父母的问题

根据《民法典》的规定，第一顺序继承人包括子女，这里的子女，包括婚生子女、非婚生子女、养子女和有扶养关系的继子女。在本案中，卫翰是陈继兰和卫民华通过人工授精所生，属于婚生子女，是合法的继承人。桃桃是陈继兰和卫民华合法收养的女儿，属于养子女，在卫民华去世时，桃桃并未与其解除收养关系（如果收养关系解除，那么，收养人和被收养人之间的养父母子女的权利义务关系也随即消失，被收养人就无权继承收养人的遗产），所以，也是合法继承人。综上，桃桃是有权继承养父的遗产的。

2. 生父母的问题

法律规定，子女被他人收养后，生父母与子女之间的权利义务关系随即解除，二者之间不再享有继承权。不过，如果养子女和养父母之间解除收养关系，那么养子女是有可能继承生父母的遗产的。原收养法第 29 条规定，收养关系解除后，养子女与养父母及其他近亲属间的权利义务关系即行消除，与生父母及其他近亲属间的权利义务关系自行恢复，但成年养子女与生父母及其他近亲属间的权利义务关系是否恢复，可以协商确定。

本案中，首先桃桃并未与养父母解除关系，其次桃桃是成年后找到的生母，找到生母后，桃桃并未与生母协商恢复法律上的母子关系。综上，桃桃无权继承生母的遗产。

法典在线

《中华人民共和国民法典》第一千一百二十七条　遗产按照下列顺序继承：

（一）第一顺序：配偶、子女、父母；

（二）第二顺序：兄弟姐妹、祖父母、外祖父母。

继承开始后，由第一顺序继承人继承，第二顺序继承人不继承；没有第一顺序继承人继承的，由第二顺序继承人继承。

本编所称子女，包括婚生子女、非婚生子女、养子女和有扶养关系的继子女。

本编所称父母，包括生父母、养父母和有扶养关系的继父母。

本编所称兄弟姐妹，包括同父母的兄弟姐妹、同父异母或者同母异父的兄弟姐妹、养兄弟姐妹、有扶养关系的继兄弟姐妹。

4 出嫁女有继承权吗？

王小强的叔叔王大林和婶婶潘桂花育有一子王小军、一女王小星，叔叔和婶婶过世，没有立遗嘱。王小军在没有告知王小星的情况下，就私自将其父亲名下的2套房子直接转到了自己的名下，并将父母的30万元存款全部取出，据为己有。王小星知道这件事后很困惑，找到堂哥王小强。王小强认为，叔叔和婶婶的遗产也有堂妹的一份，她理应找哥哥理论。但王小军认为，妹妹已经嫁到别人家，和这个家已经没有关系，而且父亲在她结婚时给了她2万元，还有一辆价值10万元的车，所以，根本不应该再继承父母的遗产。

那么，王小军的说法符合法律规定吗？王小星究竟是否享有继承其父母遗产的权利呢？

小强说法

这个故事涉及的是继承权问题。《民法典》明确规定，继承权男女平等。这标志着我国妇女享有同男子同等的继承权利。案例中的王小星是王大林和潘桂花的女儿，属于第一顺序继承人，享有和王小军同等的继承权。

不过，在一些封闭落后的地区，还存在着男尊女卑的封建思想，认为“嫁出去的女儿，泼出去的水”“是别人家的人”，认为已婚女子没有继承父母遗产的权利。王小星的哥哥王小军就是存有此想法的人，但这种想法完全是错误的，是没有法律依据的。《中华人民共和国宪法》第 48 条第 1 款规定了中华人民共和国妇女在政治的、经济的、文化的、社会的和家庭的生活等各方面享有同男子平等的权利。

另外，王小军提到了王小星在结婚时已经得到的 2 万元和一辆价值 10 万元的车，那么，父母给女儿的嫁妆属于什么性质呢？是否要将这部分财产也纳入遗产里面呢？

事实上，嫁妆和父母的遗产是两个不同的概念，父母在生前给予女儿的嫁妆属于王小星所有，遗产是指王大林和妻子潘桂花去世后所留下的各种财产，包括房子、房内物品及 30 万存款。

法典在线

《中华人民共和国民法典》第一千一百二十六条　继承权男女平等。

代位继承权

5 继子女的子女有代位继承权吗？

王小强的小姨陈继敏20多岁时通过相亲认识了第一任丈夫高天民，生有一子高冬冬。冬冬5岁时，二人离婚，冬冬由母亲抚养。之后，陈继敏认识了孟大海，孟大海已经40多岁，离异，还带有一个15岁的儿子。虽然王小强和舅舅都反对这门婚事，但小姨坚持。

再婚没几年，孟大海得了不治之症，离开了人世。陈继敏与亲生儿子高冬冬、继子孟泽泽一起生活，陈继敏抚养两个儿子长大成人。孟泽泽成年后娶妻生子，其间，一直与继母陈继敏生活在一起。去年，孟泽泽和陈继敏先后去世，未留下遗嘱。针对陈继敏的遗产，高冬冬与孟泽泽的儿子小孟发生纠纷。

高冬冬认为，孟泽泽并不是母亲陈继敏的亲生儿子，只是继子，所以孟泽泽的儿子小孟没有继承权，遗产应该由他全部继承。那么，高冬冬的主张有法律依据吗？小孟究竟有没有继承权呢？

小强说法

此案涉及的是代位继承权问题。

首先，我们来看继子女的继承权问题。根据《民法典》的规定，有扶养关系的继子女是法定继承中第一顺序继承人。本案中，自从孟大海去世后，儿子孟泽泽一直与继母陈继敏一起生活，结婚后亦是如此。可见，孟泽泽与继母陈继敏已经形成扶养关系，所以孟泽泽有继承权。

接着，我们来看代位继承权问题。根据《民法典》的规定，被继承人的子女先于被继承人死亡的，由被继承人的子女的直系晚辈血亲代位继承。本案中，孟泽泽先于继母陈继敏死亡，所以其子小孟可以代位继承其父有权继承的遗产份额。

综上，高冬冬的主张没有法律依据，陈继敏的遗产应该由高冬冬和小孟共同继承。

6 孙子女可以继承祖父母的遗产吗？

王小强的堂妹王小星与张建结婚后育有一子小哲。小哲 3 岁时，张建病故，小哲随母亲改嫁他乡，同生母和继父一起生活，与爷爷奶奶家断绝了来往。后小哲爷爷奶奶相继病故，留下了几间房屋和一些存款。小哲的叔叔和姑姑们在没有通知小哲的情况下，将父母的遗产平均分成 3 份，一人获得一份。

小哲得到消息后，认为自己有权代父亲继承爷爷奶奶的遗产，于是找到叔叔和姑姑们，要求他们将属于父亲的那份遗产归还自己。但叔叔和姑姑们说，父母有第一顺序的继承人，小哲没有继承的权利，况且小哲自幼随母改嫁，与爷爷奶奶早已断了来往，已经丧失了继承权。为此，小哲向人民法院提起诉讼，请求人民法院保护自己的代位继承权。请问，小哲自幼随母改嫁，他可以代位继承其爷爷奶奶的遗产吗？

小强说法

此案涉及的是代位继承权问题。

代位继承，是指继承人先于被继承人死亡的，由继承人的晚辈直系血亲代位继承他有权继承的遗产份额。代位继承中留下遗产的人为被继承人，先于被继承人死亡的子女为被代位人，代位继承遗产的被代位人的晚辈直系血亲为代位继承人。被继承人、被代位人、代位继承人不论男女，只要符合法定条件，均可发生代位继承。

《民法典》规定了两种代位继承的情形：一是被继承人的子女的直系晚辈血亲的代位继承，二是被继承人的兄弟姐妹的子女的代位继承。

根据法规，代位继承要具备以下4个条件：

（1）代位继承的法定前提要求被继承人的子女先于被继承人死亡；

（2）代位继承人是被代位继承人的晚辈直系血亲；

（3）被代位继承人只限于被继承人子女；

（4）代位继承只适合法定继承。

据此，结合本案，小哲有代位继承权；继承人生前没有丧失或放弃其享有的继承权，其子女可以代位继承；代位继承的法定前提要求被继承人的子女先于被继承人死亡，而代位继承人归谁抚养、与被继承人有无往来这些因素并不影响其代位继承权。小哲父亲比小哲祖父母先死亡，因此，小哲是合法的代位继承人，享有其父亲应继承遗产份额的代位继承权。

7 侄女可以继承叔叔和姑姑的遗产吗？

王小强的妻子乔雨最近遇到了一件关于遗产继承的麻烦事。乔雨5岁时，奶奶和爷爷相继去世，她的爸爸乔高、叔叔乔元和姑姑乔米三人处理了后事，平分了遗产。乔雨13岁时，爸爸乔高在工地发生意外身亡。之后，母亲带着乔雨改嫁，自此与叔叔和姑姑再无联系。

但几天前，乔雨接到了叔叔去世的消息。因为叔叔和姑姑没有结婚，也没有子女，王小强和乔雨急忙赶回老家，与姑姑一起处理了叔叔的后事。后续就遗产分割问题乔雨和姑姑发生分歧。姑姑认为，乔雨是侄女，是没有继承权的，而且，她早已随母亲改嫁，成了别人家的孩子，所以更没有资格继承叔叔的遗产。在就遗产问题争论不休时，姑姑在回家途中遭遇车祸，不幸身亡。乔雨不明白，自己有权继承叔叔和姑姑的遗产吗？

小强说法

本案涉及的是代位继承问题。根据《民法典》的规定，被继承人的兄弟姐妹先于被继承人死亡的，由被继承人的兄弟姐妹的子女代位继承。也就是说，侄子、侄女是有权继承叔叔和姑姑的遗产的。

在案例中，乔元因病去世后，因父母早亡，又无妻儿，所以继承人只有其兄乔高和其妹乔米，而乔高已经过世，此时，其女乔雨可以代位继承叔叔乔元的遗产。在乔米车祸去世后，乔雨作为侄女，也有权继承她的遗产，因为乔米并无其他继承人，所以乔雨可以继承她的全部遗产。

法典在线

《中华人民共和国民法典》第一千一百二十八条　被继承人的子女先于被继承人死亡的，由被继承人的子女的直系晚辈血亲代位继承。

被继承人的兄弟姐妹先于被继承人死亡的，由被继承人的兄弟姐妹的子女代位继承。

代位继承人一般只能继承被代位继承人有权继承的遗产份额。

XXX居委会
刚过世的刘大爷没立遗嘱，没有继承人啊！
他在北京还有一个侄子。
财产登记

一个人死后，没有继承人，只有一个侄子，财产可以由其侄子继承。

新法亮点

《民法典》将代位继承权的范围扩大到被继承人的兄弟姐妹的子女，继承范围扩大到旁系血亲，突破了只有晚辈直系血亲才能代位继承的限制。这条法规是根据时代发展而来的。当今，独生子女的数量越来越多，当独生子女先于被继承人死亡时，其财产就往往会无人继承。这一规定可以有效减少遗产无人继承的情况，同时，最大限度地保护公民私有财产的传承，使财产更多地在血亲家族中流转，而非收归国家和集体这一规定，对社会和谐能起到积极的促进作用。

8 丧偶儿媳可以继承公婆的遗产吗?

王小强的大姨陈继兰是出了名的孝顺儿媳，自从嫁给卫民华之后，一直与公婆同吃同住，20多年从未“红过脸”。卫民华是一名货车司机，经常没日没夜地跑长途。在某次夜间行车时不幸发生车祸，卫民华当场身亡。卫民华去世后，陈继兰仍旧与老卫夫妇一起生活，对二老关怀如初。

后来，老卫夫妇先后去世，没有留下遗嘱。夫妇二人名下仅有一张30万的存折，在遗产分割的份额上，陈继兰与卫民华的妹妹卫雪发生争执。陈继兰认为，自己对两位老人尽了赡养义务，有权和卫雪平分遗产。卫雪认为，哥哥去世后，嫂子陈继兰虽然与公婆一起生活，但两位老人每月都有两三千的退休金，他们花的都是自己的钱，所以嫂子无权分遗产。那么，陈继兰究竟可不可以继承公婆的遗产呢?

小强说法

本案涉及的是丧偶儿媳的继承权问题。根据《民法典》的规定，丧偶儿媳对公婆，丧偶女婿对岳父母，尽了主要赡养义务的，作为第一顺序继承人。根据规定来看，丧偶儿媳或女婿能否作为公婆或岳父母的第一顺序继承人需要满足两个条件：一是必须是丧偶的情况下，再婚与否与其无关；二是丧偶儿媳或女婿对公婆或岳父母尽了赡养义务。本案中，陈继兰完全满足以上条件。首先，丈夫卫民华过世，符合丧偶条件。其次，对老卫夫妇照顾有加，尽了主要赡养义务。所以，按照法律规定，陈继兰可以作为第一顺序继承人继承两位老人的遗产。

至于卫雪所主张的两位老人在物质上一直自给自足，儿媳陈继兰只是和他们生活在一起的观点，并不能作为取消儿媳陈继兰第一顺序继承人的理由。因为所谓赡养，不只包括物质上的赡养，还包括精神上的慰藉和共同生活的扶助，因此，可以认定陈继兰尽了赡养义务，享有继承权。

法典在线

《中华人民共和国民法典》第一千一百二十九条　丧偶儿媳对公婆，丧偶女婿对岳父母，尽了主要赡养义务的，作为第一顺序继承人。

第四章

分多分少，份额“法”定

1 没有遗嘱，遗产怎么分配？

王小强的大学同学韩宇最近哀痛欲绝，不仅父母去世，和他相依为命的妹妹小晴也去世了。5年前，小晴结婚，王小强也受邀参加了婚礼。小晴和丈夫方明都是丁克一族，婚后几年都没要孩子，一直过着幸福的二人世界。

不久前，二人出国旅行发生意外，小晴和方明一前一后身亡，生前并没有立下任何形式的遗嘱。两人死亡后，方明的父母与小晴的哥哥韩宇在分割其遗产上发生纠纷。方明父母认为，他们是儿子和儿媳的法定继承人，所以可以继承儿子和儿媳的全部遗产，但韩宇认为，遗产中有他妹妹的一半，应由韩家人继承。双方对遗产分割争执不下，韩宇只能请王小强帮忙调解。那么，韩宇到底有没有继承权呢？小晴和方明的遗产应该怎么分配？

本案涉及的是无遗嘱情况下的遗产纠纷。我们需要从继承方式、继承人范围等方面进行分析。

1. 继承方式

我国遗产继承方式分为法定继承和遗嘱继承。

法定继承，是指在被继承人没有对其遗产的处理立有遗嘱的情况下，由法律直接规定继承人的范围、继承顺序、继承份额的一种继承形式。法定继承是相对于遗嘱继承而言的，通常又称为无遗嘱继承。遗嘱继承，是指继承人按照被继承人的遗嘱，继承被继承人遗产的继承方式。在遗嘱继承中，立遗嘱的人为遗嘱人，依照遗嘱的享有遗产继承权的人为遗嘱继承人。

本案中，因被继承人死亡时没有设立遗嘱，所以其遗产继承应按法定继承方式进行。

2. 继承人范围

《民法典》依据血缘关系和姻亲关系确定了继承人的范围和顺序。第一顺序：配偶、子女、父母。第二顺序：兄弟姐妹、祖父母、外祖父母。继承开始后，由第一顺序继承人继承，第二顺序继承人不继承。没有第一顺序继承人继承的，由第二顺序继承人继承。本案中，小晴先死亡，因小晴的父母在小晴生前都已去世，故方明作为小晴的配偶对小晴的遗产（夫妻共同财产的另一半）有继承权，即在小晴死后，作为第一顺序继承人的方明继承小晴的所有遗产，小晴的哥哥韩宇作为第二顺序继承人，不能获得遗产。而方明的遗产应该由其法定继承人继承，因妻子小晴已死亡，无儿女，所以其父母可以继承其全部遗产。

综上，本案中小晴和方明的财产都应由方明父母继承，韩宇无继承权。

特别说明：本案涉及一个关键点，即小晴、方明的死亡时间。如果方明先死亡，那么小晴和方明父母都有继承权。小晴去世后，她的遗产在没有第一顺序继承人的情况下，可以由第二顺序继承人，即哥哥韩宇继承。

法典在线

《中华人民共和国民法典》第一千一百二十一条　继承从被继承人死亡时开始。

相互有继承关系的数人在同一事件中死亡，难以确定死亡时间的，推定没有其他继承人的人先死亡。都有其他继承人，辈份不同的，推定长辈先死亡；辈份相同的，推定同时死亡，相互不发生继承。

《中华人民共和国民法典》第一千一百二十七条　遗产按照下列顺序继承：

（一）第一顺序：配偶、子女、父母；

（二）第二顺序：兄弟姐妹、祖父母、外祖父母。

继承开始后，由第一顺序继承人继承，第二顺序继承人不继承；没有第一顺序继承人继承的，由第二顺序继承人继承。

本编所称子女，包括婚生子女、非婚生子女、养子女和有扶养关系的继子女。

本编所称父母，包括生父母、养父母和有扶养关系的继父母。

本编所称兄弟姐妹，包括同父母的兄弟姐妹、同父异母或者同母异父的兄弟姐妹、养兄弟姐妹、有扶养关系的继兄弟姐妹。

遗产分配

2 媳妇与婆婆怎么分遗产?

王小强的邻居王大娘为人善良，但命很苦，她早年丧夫，一个人将儿子赵小平拉扯长大，十分不易。赵小平成年后，王大娘拿出所有积蓄为其娶妻。婚后，赵小平和妻子张菲菲与王大娘共同生活，赵小平每月都会给王大娘生活费。

结婚不到3年，赵小平与张菲菲出现感情危机，常常争吵不休，为此，张菲菲回了娘家，一住就是半年。后来，赵小平出车祸身亡。张菲菲得知消息后要求继承丈夫的全部遗产。王大娘认为张菲菲跟儿子已经分开半年了，现在想分儿子的遗产，既不合理也不合法；自己孤苦无依，又无生活来源，儿子的遗产应该全部留给她养老。那么，分居半年的妻子，到底有没有丈夫遗产的继承权呢？在赵小平的遗产分割上，又该如何分配呢？

此案涉及两个问题，一是张菲菲是否有继承权；二是遗产如何分配。

《民法典》明确规定：遗产的第一顺序继承人包括配偶。同时，也规定夫妻有相互继承遗产的权利。赵小平与张菲菲是合法的夫妻关系，即便二人分居半年，也改变不了张菲菲是法定继承人的事实，所以，张菲菲是有继承权的。

在具体的遗产分配上，张菲菲和王大娘都是赵小平的第一顺序继承人，根据《民法典》的规定，同一顺序继承人继承遗产的份额，一般应当均等。另外，此条同时也规定，对生活有特殊困难又缺乏劳动能力的继承人，分配遗产时，应当予以照顾。对被继承人尽了主要扶养义务或者与被继承人共同生活的继承人，分配遗产时，可以多分。有扶养能力和有扶养条件的继承人，不尽扶养义务的，分配遗产时，应当不分或者少分。

本案中，赵小平由王大娘抚养成人，婚后也跟母亲一起生活，因此，王大娘属于对被继承人尽了主要扶养义务并共同生活的第一顺序继承人。而张菲菲在对赵小平有扶养义务，并且有能力尽其扶养义务时，却未尽到应尽的义务。再加上王大娘年龄较大，无生活来源，所以，针对赵小平的遗产，王大娘应多分一些，张菲菲则少分一些。

3 主动赡养老人，可以多分遗产吗？

王小军的妻子陶雅十分孝顺，她的母亲几年前病逝了，留下父亲陶大爷一个人在家。陶雅有一个弟弟陶峰和一个妹妹陶美，陶峰被父母娇惯长大，养成了自私自利的性格。陶峰成家后，对陶大爷的关心就更少了。陶雅给父亲请了保姆，隔三岔五回家看望父亲，父亲生病，都是她和妹妹守在病床前细心照料。

2020 年，陶大爷病危，没来得及说任何话就过世了。丧事刚办完，陶峰就着急分遗产，而且想要将遗产都据为己有。陶雅疼惜弟弟，不想和他争，但王小强认为，遗产本来就应当由姐弟三人继承，并且陶峰多年来对老人关心较少，弟妹陶雅多年来一直尽心尽力承担了大部分照顾老人的工作，应当让陶峰知道他这种行为是错误的，同时鼓励陶雅争取自己的权利。

那么，陶大爷的遗产究竟该怎么分呢？主动赡养老人的儿女，可以多分遗产吗？

小强说法

本案涉及的是遗产分配份额问题。《民法典》对同一顺序继承人的继承权作了平等的保护，这种平等不分男女老幼，不论血缘关系，都能平等地、均等地享有继承被继承人遗产的权利。本案中，姐弟三人同属于第一顺序继承人，正常情况下，三人应该平均分配陶大爷的遗产。但在平等的前提下，也作了特殊规定，对生活确有困难又缺乏劳动能力的继承人，应当适当照顾；主动照顾被继承人，付出较多的，尽了主要赡养义务的，可以多分财产。案例中，姐弟三人都有能力扶养陶大爷，但只有陶雅和妹妹陶美主动赡养老人，陶峰没有承担赡养义务，但鉴于其对父亲也有适度的关心，所以在分配遗产时，不能完全剥夺陶峰的继承权，应少分，而陶雅和陶美应多分。

法典在线

《中华人民共和国民法典》第一千一百三十条　同一顺序继承人继承遗产的份额，一般应当均等。

对生活有特殊困难又缺乏劳动能力的继承人，分配遗产时，应当予以照顾。

对被继承人尽了主要扶养义务或者与被继承人共同生活的继承人，分配遗产时，可以多分。

有扶养能力和有扶养条件的继承人，不尽扶养义务的，分配遗产时，应当不分或者少分。

继承人协商同意的，也可以不均等。

4 赡养公婆的前儿媳能继承遗产吗？

王小强的大爷爷王振兴膝下只有一个儿子王奇，王奇与妻子顾丽是相亲结婚的，顾丽为人亲和，又吃苦耐劳，王小强的大爷爷和大奶奶都十分喜欢她，待她像亲生女儿一样。反之，王奇却有些好吃懒做，喜欢喝酒打牌。面对王奇的不顾正业，顾丽很生气，经常唠叨他。日子久了，王奇越来越厌烦顾丽，二人矛盾越演越烈。最终，二人协议离婚。

虽然已经离婚，但顾丽依然经常看望两位老人，两位老人也一直努力撮合二人复婚，只是顾丽一直没同意。之后没多久，王奇发生车祸死亡。此后，顾丽一直负责照顾王大爷和王大娘。王小强受爷爷的委托，也经常去看望两位老人。五六年后，两位老人先后去世，并没有留下有法律效力的遗嘱。顾丽认为，自己照顾两位老人多年，可以继承他们的遗产。但王小强的爷爷王振国认为，自己才是哥哥和嫂子的法定继承人，而顾丽与两位老人没有任何关系，不能来分割遗产。

那么，作为已经没有法律关系的前儿媳，顾丽能继承两位老人的遗产吗？

小强说法

本案涉及的是继承人资格问题。根据《民法典》规定，第一顺序继承人为配偶、子女、父母，但同时针对丧偶儿媳、丧偶女婿的继承权作了规定，如果丧偶儿媳对公婆，丧偶女婿对岳父母，尽了主要赡养义务的，可以作为第一顺序继承人。但本案中顾丽已经与王大爷的儿子王奇解除了婚姻关系，那么也就不具备法律所规定的继承人资格。

但是，顾丽照顾王大爷夫妇多年，在经济上付出、生活上照料、精神上关怀，已经尽到了一定的赡养义务，可以认定顾丽是继承人以外对被继承人扶养较多的人，可以分给适当的遗产。

5 同居关系的人有没有权利争遗产？

王小强的大妈顾丽在丈夫王奇去世后，遇到了丧偶的曾先生，二人都有意再婚，但曾先生的一儿一女不同意。因为儿女强烈反对，所以曾先生和顾丽没有举行婚礼，也没有到民政局登记，二人所住的房子是两人共同出资购买的，其中，曾先生出了2/3，顾丽出了1/3，房产登记在曾先生名下。

二人共同生活了6年，曾先生突发疾病去世。曾先生死后，顾丽和曾先生的儿女一起料理了曾先生的后事。丧事过后，曾先生的儿女却将顾丽赶出了她和曾先生共同居住的房子，说房子理应由子女继承。针对顾丽所出的买房款，曾先生的儿女表示愿意补偿。顾丽无儿无女，又无兄弟姐妹，只好找到侄子王小强。王小强认为，这样分割遗产不合理，其大妈顾丽也有权继承曾先生的遗产，于是向人民法院提起诉讼，要求人民法院维护顾丽的合法权益。

那么，没有办理结婚登记而同居多年的“夫妻”，有没有权利继承遗产呢？

小强说法

本案涉及的是酌情分得遗产权问题。

酌情分得遗产权的权利人取得遗产的权利是独立的，其有两个主要法律特征：一是必须是法定继承人以外的人，不适用于法定继承；二是必须是对被继承人扶养较多的人。

本案中，顾丽和曾先生没有办理结婚登记而同居生活，并不构成合法的夫妻关系，所以不属于法定继承人。顾丽和曾先生同居了6年，对曾先生尽了较多的扶养义务。综上两点，顾丽完全满足酌情分得遗产权的条件，所以，依据《民法典》关于对继承人以外的依靠被继承人扶养的人，可以适当分得遗产的规定，曾先生的遗产可以适当分给顾丽一部分，即在归还购房款之外，曾先生的儿女还需要从曾先生的遗产中分一部分给顾丽，至于具体份额，法律没有明确规定，双方可以协商决定。

法典在线

《中华人民共和国民法典》第一千一百三十一条　对继承人以外的依靠被继承人扶养的人，或者继承人以外的对被继承人扶养较多的人，可以分给适当的遗产。

6 怀孕媳妇与退休公公，遗产怎么分？

王大娘的儿媳张菲菲在赵小平去世后，认识了青年韩磊，二人结了婚，婚后生活还算美满幸福。韩磊的母亲早些年去世了，父亲老韩一个人生活，张菲菲和韩磊都很孝顺，对老人嘘寒问暖，处处照顾。没想到幸福生活才过了两年，韩磊就在工作时发生事故死亡了，雇主一次性赔偿了100万元，都交到了张菲菲手里。那时，张菲菲已经怀孕8个月。

韩磊去世后，老韩找到儿媳张菲菲，要求处理儿子的遗产。二人经过协商，决定将家中房屋、家具、字画等财产留给胎儿，交由张菲菲保管。但就死亡赔偿金及其未领工资、名下存款等遗产分配问题，二人发生争执。张菲菲认为，自己有孩子要养，应该多分一些。而老韩认为，自己年老体弱，仅靠微薄的退休金维持生计，应该多分。二人争执不下，张菲菲联系老邻居王小强，希望能帮忙分配遗产。那么，韩磊的遗产该如何分配呢？

小强说法

《民法典》基本延续了原继承法的法律精神，强调对胎儿利益的保护，虽然胎儿不具备民事主体资格，但应当保留胎儿相应的继承份额，充分体现了法律的公平和正义。本案中，继承人协商处理继承问题是受法律保护的，韩磊去世后，老韩与张菲菲协商决定将家中房屋、家具、字画等财产留给胎儿，并交由张菲菲保管，这一做法符合法律规定的遗产分割原则，这一部分遗产并无争议。

在死亡赔偿金及其未领工资、名下存款的分配上，老韩和张菲菲作为同一顺序继承人，继承遗产的份额一般应当均等。也就是说，老韩和张菲菲应该平分这些遗产。但是，遗产分配规则第2款又规定，对生活有特殊困难又缺乏劳动能力的继承人，分配遗产时，应当予以照顾。老韩已经没有劳动能力，只有微薄的退休金，韩磊又是其唯一赡养人，属于需要特殊照顾的法定继承人，因此，在分割赔偿款、存款、工资等遗产时应当多分。反之，张菲菲虽然要抚养孩子，但还有劳动能力，和老韩相比，不属于特殊照顾的法定继承人。

法典在线

《中华人民共和国民法典》第一千一百三十条　同一顺序继承人继承遗产的份额，一般应当均等。

对生活有特殊困难又缺乏劳动能力的继承人，分配遗产时，应当予以照顾。

对被继承人尽了主要扶养义务或者与被继承人共同生活的继承人，分配遗产时，可以多分。

有扶养能力和有扶养条件的继承人，不尽扶养义务的，分配遗产时，应当不分或者少分。

继承人协商同意的，也可以不均等。

《中华人民共和国民法典》第一千一百三十二条　继承人应当本着互谅互让、和睦团结的精神，协商处理继承问题。遗产分割的时间、办法和份额，由继承人协商确定；协商不成的，可以由人民调解委员会调解或者向人民法院提起诉讼。

《中华人民共和国民法典》第一千一百五十五条　遗产分割时，应当保留胎儿的继承份额。胎儿娩出时是死体的，保留的份额按照法定继承办理。

7 兄弟姐妹协商分配遗产，法律认可吗？

张菲菲有一个弟弟张臣和一个妹妹张美，三人感情一直很好。成年后，三人各自组建了家庭。三人的父母一直独自居住，在照顾老人这方面，三人都没有推卸责任，只要老人有事，三人就一起想办法解决，老人生病，三人也一起轮流照顾。

后来，张菲菲的妹妹张美的婚姻出现了问题，与丈夫协议离婚，因为二人有两个孩子，所以约定各自抚养一个孩子，双方都不额外支付抚养费。房子是男方的婚前财产，归男方所有，男方一次性补偿给张美20万元。张美离婚后，带着孩子与父母一起居住。

没过两年，二老过世，并没有留下遗嘱。张菲菲和弟弟、妹妹在遗产分割问题上进行协商。张菲菲和张臣体谅妹妹的境况，决定将父母名下的房子过户给妹妹，而存款和收藏品等财产由三人平分，妹妹张美表示同意。那么，三兄妹协商分配遗产，法律认可吗？

小强说法

此案涉及的是遗产的分割方式。

对于有遗嘱的，且其中明确了分割方式的，应该按照遗嘱指定的方式分割遗产。对于没有遗嘱的，继承人之间应当本着互谅互让、和睦团结的精神，就遗产分割的时间、办法和份额进行协商；协商不成的，可以由人民调解委员会调解或者向人民法院提起诉讼。

本案中，三人感情融洽，在父母过世后，对遗产问题进行了友好协商，最终达成一致：房子由妹妹继承，其他财产均分。只要此协商有书面文件，三人签字，那么就具有法律效力，可以依此分配父母的遗产。

法典在线

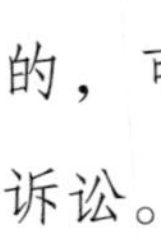

《中华人民共和国民法典》第一千一百三十二条　继承人应当本着互谅互让、和睦团结的精神，协

商处理继承问题。遗产分割的时间、办法和份额，由继承人协商确定；协商不成的，可以由人民调解委员会调解或者向人民法院提起诉讼。

谨慎立遗嘱，章程要记牢。

第五章

1 立遗嘱将财产赠与侄孙，继子女有权干涉吗？

王小强的姑奶奶王翠静没有孩子，对侄孙王小强十分疼爱，王小强也很心疼这个姑奶奶。王翠静与第一任丈夫共同生活了30多年，感情融洽，但后来丈夫因病去世，王翠静守寡多年。后来经人介绍，王翠静改嫁退休工人王某。此时王某已有两个女儿，且都已嫁人。王某病故后，立遗嘱将财产都留给了王翠静。此后，王翠静自己生活，王小强经常过来看望她。两个继女偶尔在继母生病时也会来看望、照顾。

王翠静临终前立了份遗嘱，遗嘱内容为：银行存款由两个继女平分；自住的房子赠给侄孙王小强。王翠静病故后，王小强拿着遗嘱要求继承姑奶奶赠给自己的遗产时，王翠静的两个继女以他不是继母的法定继承人为由拒绝让其继承。她们主张，自己是法定继承人，所以应该继承王翠静的全部遗产。

请问，两个继女能否继承王翠静的全部遗产？她

们是否有权干涉王翠静的遗嘱执行？王小强能否获得王翠静遗嘱中赠与的房子？

小强说法

此案涉及两个问题，一是法定继承和遗嘱继承的问题；二是法定继承人以外的人是否可以依被继承人所立遗嘱获得其赠与的个人财产的问题。

1.法定继承和遗嘱继承

根据《民法典》的规定，遗嘱继承先于法定继承，本案中，王翠静已经立了遗嘱，所以，应当适用遗嘱继承，其遗产不能按照法定继承办理，两个继女无权继承王翠静的全部遗产。

2.遗嘱继承的规定

立遗嘱是一项私权行为，是国家对公民自主决定自己财产归属行为的一种保护。遗嘱继承确定了法定继承人以外的其他人的继承权，设立遗嘱时，遗嘱人达到法定年龄、精神健全，并且该遗嘱表达是其真实意思，并未受到威胁、强迫、欺骗，符合法律法规和社会道德以及我国对于遗书形式的要求，均是有效遗嘱。因此，王翠静立遗嘱将居住的房子赠与侄孙王小强是具有法律效力的，两个继女不能以王小强不是法定继承人为由剥夺其继承权。

法典在线

《中华人民共和国民法典》第一千一百二十三条　继承开始后，按照法定继承办理；有遗嘱的，按照遗嘱继承或者遗赠办理；有遗赠扶养协议的，按照协议办理。

《中华人民共和国民法典》第一千一百三十三条　自然人可以依照本法规定立遗嘱处分个人财产，并可以指定遗嘱执行人。

自然人可以立遗嘱将个人财产指定由法定继承人中的一人或者数人继承。

自然人可以立遗嘱将个人财产赠与国家、集体或者法定继承人以外的组织、个人。

自然人可以依法设立遗嘱信托。

2 可以指定遗嘱执行人吗?

王小强继承了姑奶奶的遗产后，又做了一次遗嘱执行人。王小强的父亲有一个至交好友赵友德，赵友德老伴前几年去世，有3个孩子，长子赵睿已成家，现居北京，次子赵轩出国留学一直未归，小女儿赵阳一直和父亲一起生活。赵友德有一套楼房、20万元存款、收藏品若干以及一些家具和电器等生活用品。赵友德今年年初感到身体不适，自觉时日无多，于是立下遗嘱，指定小女儿赵阳继承楼房及其中的生活用品，长子赵睿和次子赵轩各继承10万元存款，所有个人的收藏品全部捐赠给当地的博物馆。遗嘱中还指定由王小强做遗嘱执行人。赵友德在王小强的陪同下到户口所在地的公证机关办理遗嘱公证手续，经公证机关审查公证后，拿到了相关部门发给的公证书。赵友德去世后，在遗产分割上，赵睿提出异议，他认为父亲的遗嘱不公正，所以是无效的，而且自己作为长子理所应当是父亲的遗嘱执行人，不应该由外人插手。那么，赵睿的想法正确吗?

小强说法

此案涉及了遗嘱效力和遗嘱执行人两个问题。

首先，我们来看遗嘱效力的问题，根据《民法典》规定，公民可以通过遗嘱依法处分个人财产，遗嘱形式包括自书遗嘱、代书遗嘱、打印遗嘱、录音录像遗嘱、口头遗嘱、公证遗嘱等。本案中，遗嘱人赵友德立好遗嘱后，在其好友王小强的陪同下，亲自到当地公证机关办理遗嘱公证，经公证机关审查公证后获得了遗嘱公证书。因此，赵友德的遗嘱是合法有效的公证遗嘱。利用遗嘱处分遗产是一种单方面的法律行为，单方面的法律行为决定了遗嘱仅需遗嘱人单方的意思即可成立，无需被继承人或受遗赠人有接受的意思。相对人是否接受不影响遗嘱的成立。因此，赵睿以遗嘱分配遗产不公正为由认定遗嘱无效，此看法是不正确的。

其次，《民法典》不仅规定公民可以通过立遗嘱的方法自由处置个人财产，同时规定可以自由指定遗嘱执行人。本案中赵睿想以长子的身份要求担任遗嘱执行人，取代父亲在遗嘱中指定的遗嘱执行人王小强，这个想法违反了《民法典》自然人意思自治的原则，赵友德在遗嘱中指定王小强为其遗嘱执行人是他的合法权益，赵睿无权否定。

综上，赵睿的主张全部无效，赵友德的遗产分配应该按照遗嘱执行。

法典在线

《中华人民共和国民法典》第一千一百三十三条　自然人可以依照本法规定立遗嘱处分个人财产，并可以指定遗嘱执行人。

自然人可以立遗嘱将个人财产指定由法定继承人中的一人或者数人继承。

自然人可以立遗嘱将个人财产赠与国家、集体或者法定继承人以外的组织、个人。

自然人可以依法设立遗嘱信托。

新法亮点

《民法典》首次规定了遗嘱执行人，并表明继承开始后，遗嘱执行人为遗产管理人，并在细节上对其的选任、职责、义务、获取报酬的权利及其承担的法律责任做了规定。遗嘱执行人、遗产管理人，不仅能保证继承人有序继承财产，对促进家庭和谐以及财产规划都有较大的创新意义。相信遗嘱管理人势必会走向更专业、更职业化的模式。

3 父亲立遗嘱把遗产只留给女儿，母亲如何维权？

王小强的姑姑王楚楚与孙阳结婚后，生了孙珊和孙娜两个女儿。婚后，两人辛苦打拼好多年，买了一套房子。因为王楚楚很信任丈夫，所以当时房产证上只写了孙阳的名字。步入中年后，孙阳与王楚楚渐生嫌隙，日常生活中经常争吵不休。尤其两个女儿成家后，孙阳与王楚楚开始了分居生活。

孙阳患病去世后，留下了一份公证遗嘱，言明自己死后，一套房屋和个人账户上的30万存款都由两个女儿继承。王楚楚得知后感到很委屈，与两个女儿商量，但两个女儿说遗嘱是爸爸立的，她们无权决定。王楚楚于是和侄子王小强说了此事。王小强认为这不合法，让姑姑上诉至人民法院，撤销公证遗嘱，维护自己的权益。

那么，孙阳立遗嘱指定由法定继承人中的两人继承自己的遗产合法吗？本案中的两个女儿可以依照遗嘱继承孙阳的全部遗产吗？

小强说法

根据《民法典》的规定，自然人有权自由处置自己的合法财产，可以立遗嘱指定法定继承人中的一人或者数人继承自己的财产。本案中，孙阳立遗嘱指定由女儿孙珊和孙娜来继承自己的个人财产是符合法律规定的，但是，本案遗嘱中涉及的财产是否属于孙阳的个人财产，是需要首先确认的问题。

根据《民法典》的规定，夫妻在婚姻关系存续期间所得的财产，为夫妻的共同财产。本案中，一套房产和 30 万元存款，属于孙阳和王楚楚夫妻关系存续期间两人共同的劳动所得，属于夫妻共同财产，因此，这其中的一半财产，即房子的一半、15 万元存款是属于王楚楚的，孙阳无权以遗嘱的方式予以处分，而只能对属于自己的那部分财产来立遗嘱处分。因此，孙阳的遗嘱并不完全生效，孙珊和孙娜不能依照遗嘱继承孙阳的全部遗产，而只能继承一半。

法典在线

《中华人民共和国民法典》第一千一百三十三条　自然人可以依照本法规定立遗嘱处分个人财产，

并可以指定遗嘱执行人。

自然人可以立遗嘱将个人财产指定由法定继承人中的一人或者数人继承。

自然人可以立遗嘱将个人财产赠与国家、集体或者法定继承人以外的组织、个人。

自然人可以依法设立遗嘱信托。

4 丈夫设立遗嘱信托，能防止前妻动孩子遗产吗？

王小强的老板董先生是个非常成功的企业家，王小强十分崇拜他，董先生也十分看重王小强，对他委以重任。董先生早年下海经商，因为忙于事业一直未成家，快40岁时，认识了20多岁的卢女士。二人结婚1年后，卢女士生了儿子小志。因为年龄差距和性格差异，董先生与卢女士的婚姻慢慢出现了问题，在小志5岁时，二人协议离婚，就财产分割和孩子抚养权达成一致，约定小志由董先生监护。

离婚1年后，卢女士与武先生再婚，并先后生了两个孩子。其间，董先生一直忙于事业未再婚。近期，董先生被查出患有癌症，医生诊断最多只有2年寿命。董先生想立遗嘱，但其父母早已不在人世，他只有儿子小志一个继承人，小志还未成年，按照法律规定，只能由其母亲卢女士代为保管。董先生担心卢女士会动用小志的合法财产，不知道该怎么立遗嘱，于是请王小强帮忙寻找法律顾问，王小强根据自己最近研究的《民法典》向董先生提出了遗嘱信托的建议。那么，设立遗嘱信托后，就能防止前妻动孩子遗产吗？

小强说法

遗嘱信托又叫死后信托，是指自然人通过遗嘱形式而设立的信托。随着经济的发展以及顺应大众对财富管理和传承的需求，《民法典》明确遗嘱信托的法律效力。遗嘱信托同时受《民法典》和信托法的约束，信托法规定：信托是指委托人基于对受托人的信任，将其财产权委托给受托人，由受托人按照委托人的意愿以自己的名义，为受益人的利益或者特定目的，进行管理或者处分财产的行为。遗嘱信托将信托开始的时间规定在委托人死亡后。

本案中，董先生拥有较多资产，但又担忧儿子年龄小，管理能力不足，又担心小志的生母会因为现在的家庭动用属于小志的财产，如果设立遗嘱信托，董先生将其个人合法财产的分配、运用及给付等，详细列于遗嘱中，在其死亡后，由专业的信托财产的受托人管理该笔财富，受托人根据信托的内容来管理和处分信托财产，约定受益人小志在各个阶段所能获得的信托财产，有效保障了小志未来的生活。

法典在线

《中华人民共和国民法典》第一千一百三十三条　自然人可以依照本法规定立遗嘱处分个人财产，并可以指定遗嘱执行人。

自然人可以立遗嘱将个人财产指定由法定继承人中的一人或者数人继承。

自然人可以立遗嘱将个人财产赠与国家、集体或者法定继承人以外的组织、个人。

自然人可以依法设立遗嘱信托。

新法亮点

《民法典》明确了遗嘱信托的法律效力，确保了遗嘱信托的合法性。遗嘱信托的确立不仅体现了自然人对自己私有财产自由支配的权利，同时也对社会中特殊人群和弱势人群的生活保障起到了重要作用。

遗嘱信托的设立是符合现实需要的，生活中有一些继承人实际上并没有管理所继承遗产的能力，如未成年子女、残障人士，所以，在没有值得托付的监护人的情况下，设立遗嘱信托是最佳的选择。此外，对于遗产数额较大或担心子女挥霍等情况，遗嘱信托也能起到一定的作用。

从法律意义来说上，信托财产需要独立于委托人、受托人和受益人，除非信托的财产在设立前存在优先受偿或者因信托事务产生债务、税款等，原则上即使委托人资不抵债，受益人依然享有受托财产的收益。

在此强调一点，遗嘱信托必须办理信托登记，因为遗嘱信托同时需要符合信托法，信托法明确规定，不登记不发生信托效力。

5 遗书算自书遗嘱吗？

赵友德的大儿子赵睿与林霞离婚后，带着儿子赵杰与王瑶重新组建了家庭，婚后生了一个小女儿赵灵。转眼20年过去，孩子们都成年了。在一次体检中，赵睿被确诊为胃癌晚期。赵睿万念俱灰，自知病已无法治愈，不想再浪费金钱治疗，于是选择服用安眠药结束生命。他临死前写下了一封遗书，内容为：“我的病已经无药可医，早晚都是死，我不想再日日忍受病痛，所以选择结束生命。我的遗产全部留给我的妻子王瑶和儿子赵杰、女儿赵灵。”赵睿在遗书结尾签了姓名，并标明了年、月、日。

赵睿去世后，前妻林霞和儿子赵杰要求对赵睿的遗产进行分割，王瑶拿出了赵睿的遗书，但林霞认为，遗书不是遗嘱。双方因此发生了争执。

那么，遗书属不属于自书遗嘱呢？

小强说法

本案涉及的是自书遗嘱问题。

自书遗嘱，顾名思义，就是指遗嘱人自己书写的遗嘱。根据《民法典》的规定，自书遗嘱需要具备以下几个条件：

（1）必须由遗嘱人亲笔书写，不能由其他人代劳；

（2）须遗嘱人亲笔签名，不能用其他方式代替，如盖章、捺印或者盖章加捺印；

（3）须注明年、月、日。

只要满足了上面3个条件，那么，不需要见证人，就可以认定自书遗嘱有效。

自书遗嘱应当是遗嘱人关于其死亡后财产处置的正式意思表示。如果遗嘱人不是正式书写的自书遗嘱，仅是在日记或有关的信件中提到准备在其死亡后对某遗产作如何处理，则不应认定该内容为自书遗嘱。

但是，自书遗嘱也不要求须有“遗嘱”的字样。如果遗嘱人在有关的文书中对其死亡后的事务作出安排，也包括对其死亡后的财产处理作出安排，而又无相反证明时，则应当认定该文书为遗嘱人的自书遗嘱。

《最高人民法院关于贯彻执行〈中华人民共和国

继承法〉若干问题的意见》第40条也规定，公民在遗书中涉及死后个人财产处分的内容，确为死者真实意思的表示，有本人签名并注明了年、月、日，又无相反证据的，可按自书遗嘱对待。

本案中，赵睿的遗书是自己亲笔书写的，是其真实意思的表示。在遗书落款处，也签了名字，并注明了日期，已经符合自书遗嘱的条件，所以可以按照自书遗嘱对待。林霞没有相反证据证明该遗书内容非赵睿真实意思的表示，那么，赵睿的遗产就应该按照遗书内容进行分割，即由王瑶和儿子赵杰、女儿赵灵继承全部遗产。

法典在线

《中华人民共和国民法典》第一千一百三十四条　自书遗嘱由遗嘱人亲笔书写，签名，注明年、月、日。

6 有瑕疵的代书遗嘱，有没有效力？

王小强的同事纪肖最近因为生父的遗产分割问题甚是闹心，他生父去世了，但却没给自己留任何遗产，纪肖不甘心，找王小强商量对策。原来，纪肖的父亲老纪很早之前就与其母离婚，离婚后娶了第二任妻子徐芬，二人育有一子。老纪名下有一套房屋和某公司的部分股权，其他为夫妻共同财产。

老纪重病期间，在朋友王某和孙某及妻子徐芬、儿子阿涛（16 岁）的见证下，由王某代笔写下遗嘱，内容为："我去世后，我名下的房产和股权，以及夫妻共同财产中的个人部分，皆由妻子徐芬和儿子纪涛继承，其他人不得干涉。"立遗嘱人纪某、代书人王某及见证人孙某、徐芬、纪涛皆在遗嘱上签了字，并注明了年、月、日。王小强分析了纪肖父亲的代书遗嘱，发现有瑕疵，不是有效的代书遗嘱。他建议同事纪肖向人民法院起诉，要求人民法院重新分割纪某的

遗产。请问，这份代书遗嘱哪里有瑕疵，是否具有法律效力？

小强说法

此案涉及的是代书遗嘱效力问题。

代书遗嘱，是指遗嘱人在不能写字（不会写字或病重无法握笔等）的特殊情况下，由他人代笔书写的遗嘱，根据《民法典》的规定，代书遗嘱应当具备如下形式要件才会是有效的：

（1）立遗嘱时至少要有2个见证人在场见证；

（2）代书遗嘱不是由遗嘱人本人，而是由其中一个见证人进行书写；

（3）立遗嘱的年、月、日必须在遗嘱上注明；

（4）遗嘱书写完毕后，在场的所有见证人（包括代书人和其他见证人）及遗嘱人都必须签名。

另外，法律规定见证人必须具备一定的资格，根据《民法典》的规定，无行为能力的人、限制行为能力的人、继承人、受遗赠人及与继承人、受遗赠人有利害关系的人，是不能作为遗嘱见证人的。

本案中，老纪所立的代书遗嘱虽然符合代书遗嘱应该具备的要件，但见证人不符合规定。徐芬和纪涛都是老纪遗产的继承人，不能作为“见证人”，所以可认定徐芬提交的“代书遗嘱”无效，依照法律规定，老纪的遗产应当按法定继承处理。

法典在线

《中华人民共和国民法典》第一千一百三十五条　代书遗嘱应当有两个以上见证人在场见证，由其中一人代书，并由遗嘱人、代书人和其他见证人签名，注明年、月、日。

《中华人民共和国民法典》第一千一百四十条　下列人员不能作为遗嘱见证人：

（一）无民事行为能力人、限制民事行为能力人以及其他不具有见证能力的人；

（二）继承人、受遗赠人；

（三）与继承人、受遗赠人有利害关系的人。

7 打印遗嘱还需要见证人吗?

王小强的客户彭太太是一个事业有成的女强人，早年与丈夫离异，独自抚养3个孩子长大。3个孩子性格各异，彼此关系并不融洽。王小强听说了彭太太的家庭问题后，建议彭太太早立遗嘱，防止其过世后3个孩子因为争夺家产而破坏本就不和睦的亲情关系。彭太太习惯用电脑处理各种文件，所以最终决定立一份打印遗嘱。

某日，彭太太准备好个人电脑和便捷打印机，对去世后公司的股权、各地不动产和其他财产的分割问题，撰写了一份详细的文件，然后当场打印出来，在每一页都签上了自己的名字，并注明了日期。打印遗嘱完成后，彭太太就将其装入密封袋，放入了私人保险柜。王小强得知后，告知彭太太她的打印遗嘱是无效的，因为没有见证人。

请问，打印遗嘱需要见证人吗?

小强说法

本案涉及的是打印遗嘱问题。

打印遗嘱，是指遗嘱人并非手写，而是通过电脑制作，用打印机打印出来的遗嘱。根据《民法典》的规定，打印遗嘱需要具备以下几个条件：

（1）有2个以上的见证人在场见证；

（2）遗嘱人须在遗嘱文本的每一页签名，注明年、月、日；

（3）见证人须在遗嘱文本的每一页签名，注明年、月、日。

为什么打印遗嘱需要见证人呢？而且需要2个以上？

其实，之所以对打印遗嘱做如此限制，是因为打印遗嘱不同于手写的遗嘱，没有了个人独特的“字迹”，因此，很难证明是否为遗嘱人亲自起草，为了防止其他人伪造遗嘱，所以需要有见证人在场。需要2个以上见证人的规定也是有必要的，见证人越多，越能确保遗嘱的真实性。

本案中，彭太太所立的打印遗嘱因为没有任何见证人，所以是无效的。

法典在线

《中华人民共和国民法典》第一千一百三十六条　打印遗嘱应当有两个以上见证人在场见证。遗嘱人和见证人应当在遗嘱每一页签名，注明年、月、日。

新法亮点

新法扩充了遗嘱类型，由原来的5种(公证遗嘱、自书遗嘱、代书遗嘱、录音遗嘱、口头遗嘱）增加到7种，增加了打印遗嘱与录像遗嘱2种法定的遗嘱形式。打印遗嘱是随着科技的发展应运而生的，由于计算机的普及，打印形式的遗嘱也越来越多，为了适应时代的变化，所以将此正式收入《民法典》，明确其效力。

8 怎样的录音录像遗嘱不具备法律效力？

王小强在城市立足后，就将父亲王大山和后妈陆蔓接到了城里一起生活。两位老人与邻里相处得不错，特别是陆老太太，很快有了自己的“闺蜜团”，闺蜜团成员之一曹奶奶已经年过古稀，因为身体一直不太好，陆蔓对她十分关照。

前几日，曹奶奶病重，想要立下录像遗嘱，于是找到陆蔓去当见证人。录像的时候，曹奶奶的女儿周西也在场。因为曹奶奶的儿子周路对母亲平日关心较少，所以曹奶奶财产分配如下：“我去世后，由女儿周西继承全部财产，包括5万元存款、房子及里面的所有生活用品。儿子周路未尽到照顾义务，无权继承财产。曹某某。×年×月×日。”

曹奶奶去世后，周路就母亲的遗产与周西发生争执，周路认为自己也是母亲的儿子，遗产应该平均分给兄妹二人，但周西以母亲留下的录像遗嘱为由，坚持应该继承全部遗产。那么，曹奶奶所立的录像遗嘱是否有效呢？周西可不可以得到曹奶奶的全部遗产呢？

小强说法

本案涉及的是录音录像遗嘱效力问题。录音录像是一种新型的遗嘱方式，是一种视听遗嘱，是指以录音或者录像的形式录制下遗嘱人的口述遗嘱。根据《民法典》的规定，公民可以以录音或者录像的形式立遗嘱处分其遗产，但录音录像遗嘱想要具有效力，需要具备以下几个条件：

（1）应当有2个以上的见证人在场见证；

（2）遗嘱人和见证人应当在录音录像中记录其姓名或者肖像，以及年、月、日；

（3）继承人不能作为遗嘱见证人。

本案中，曹奶奶的录像遗嘱的见证人只有陆蔓、女儿周西2个人，而周西是曹奶奶的合法继承人，不能作为遗嘱的见证人，也就是说，该录像遗嘱的见证人不符合法律规定，不具备法定的形式要件，所以应当认定为无效遗嘱，周西不能继承曹奶奶的全部遗产。

那么，曹奶奶的遗产应该如何分割呢？

曹奶奶的录像遗嘱无效，那么曹奶奶的遗产应当依照法定继承办理，周路、周西作为第一继承人享有平等的继承权。但在遗产分割时，根据相关规定，周路没有尽到对其母亲的扶养义务，遗产可以少分。

法典在线

《中华人民共和国民法典》第一千一百三十七条　以录音录像形式立的遗嘱，应当有两个以上见证人在场见证。遗嘱人和见证人应当在录音录像中记录其姓名或者肖像，以及年、月、日。

《中华人民共和国民法典》第一千一百四十条　下列人员不能作为遗嘱见证人：

（一）无民事行为能力人、限制民事行为能力人以及其他不具有见证能力的人；

（二）继承人、受遗赠人；

（三）与继承人、受遗赠人有利害关系的人。

公证处
遗嘱分为：
自书遗嘱、代书遗嘱、打印遗嘱、口头遗嘱、录音录像遗嘱和公证遗嘱。

新法亮点

在之前的《民法典》中，只有录音遗嘱而没有录像遗嘱，但在生活案例中，却常常遇到录像形式的遗嘱。从另一方面来说，录像遗嘱同录音遗嘱一样具有可信度，录像遗嘱被《民法典》确定法律效力，不仅方便了遗嘱的订立，这种遗嘱形式的多样化和人性化，也是符合时代发展的。

9 病危情况下，是否可以立口头遗嘱？

王小强的小姨陈继敏和前夫高天民离婚后，带着儿子高冬冬生活。高天民离婚后就与谢爽登记结婚了，二人生了一个女儿小蝶。婚后，高天民夫妇共同出资开了一家餐馆，在二人的努力经营下，餐馆生意越来越好。其间，二人置办了两套房产 ，分别登记于各自名下。

之后，高天民因冠心病住院，虽经抢救暂时恢复了意识，但病情不容乐观，于是高天民在两位医生和两位护士的见证下，口述了遗嘱，内容为："我名下的一套房产及存款都由我的亲生儿子高冬冬继承，而餐馆等其他夫妻共同财产中属于我的部分则由妻子谢爽和女儿小蝶继承。"说完没多久，高天民就去世了。

在遗产分割上，谢爽和高冬冬发生争议。高冬冬认为，应根据高天民的口头遗嘱进行分割。但谢爽则认为，高天民的口头遗嘱不具有法律效力，应该按法定继承办理。那么，高天民的这份口头遗嘱是否具有法律效力呢？

小强说法

本案涉及的是口头遗嘱的法律适用问题。

所谓口头遗嘱，是指由遗嘱人口头表述的而不以任何方式记载的遗嘱。根据《民法典》的相关规定，口头遗嘱须符合以下2个条件：

（1）遗嘱人处于危急情况下，不能以其他方式设立遗嘱。所谓危急情况，一般是指遗嘱人生命垂危或在战争中或发生意外灾害，随时都有生命危险，来不及或无条件设立其他形式遗嘱的情况。在危急情况解除后，遗嘱人能够用书面或者录音录像形式立遗嘱的，所立的口头遗嘱无效。

（2）须有两个以上的见证人在场见证。

本案中，高天民生病垂危，在两位医生和两位护士的见证下口述了遗嘱，对于个人财产进行了明确的分割。符合口头遗嘱需要具备的条件，因此，可以认定高天民的口头遗嘱是有效的。高天民口述遗嘱后不久就去世，没有来用其他方式立遗嘱的时间，因此，这份口头遗嘱可以作为最终财产分割的依据。

法典在线

《中华人民共和国民法典》第一千一百三十八条　遗嘱人在危急情况下，可以立口头遗嘱。口头遗嘱应当有两个以上见证人在场见证。危急情况消除后，遗嘱人能够以书面或者录音录像形式立遗嘱的，所立的口头遗嘱无效。

立遗有**限制**，守法才**生效**。

第六章

1 身体有残疾的继承人，分割遗产时要特殊照顾吗？

王小强曾在一家机械厂当主管，其间，工人大姚因为操作失误，造成双腿截肢，只能依靠轮椅活动。身体残疾后，大姚只能在家里做一些手工活儿，收入微薄。王小强在生活上一直尽可能地帮助他，大姚的妻子有困难时也第一时间联系王小强。

几天前，大姚的父母去世了，老两口立下遗嘱：遗产由两个儿子平分。针对这份遗嘱，大姚和妻子都觉得不公平，因为大姚身患残疾，劳动能力有限，所以在遗产分割上应该予以特殊照顾。但大姚的哥哥却不妥协，他说大姚本就是他父母领养的，给一半遗产已经仁至义尽。大姚和妻子只能求助王小强，王小强告诉二人，虽然大姚是养子，但享有和亲生孩子一样的继承权。大姚遂诉至人民法院，要求重新分配遗产。

请问，人民法院会支持大姚的主张吗？

小强说法

此案涉及的是“特留份”遗产的法律规定。

特留份，是指被继承人在遗嘱中必须为特定继承人保留，不得自由处分的遗产份额。我国虽然以遗嘱继承为主要的继承方式，但同时采用“特留份制度”，为胎儿和缺乏劳动能力又没有生活来源的继承人保留特定的遗产份额。

本案中，大姚属于“缺乏劳动能力又没有生活来源的继承人”，而大姚父母生前所立的遗嘱，将其名下的财产由两个儿子平分，没有考虑继承人大姚系残疾人而生活艰难的实际情况，未给他保留必要的遗产份额。因此，可以认定该遗嘱非法处分的必留份额部分无效。大姚向人民法院提起诉讼，应当得到人民法院的支持。

法典在线

《中华人民共和国民法典》第一千一百四十一条　遗嘱应当为缺乏劳动能力又没有生活来源的继承人保留必要的遗产份额。

2 立好遗嘱后，后悔了怎么办？

付大娘也是陆蔓“闺蜜团”的一员，她守寡已经10多年，膝下有一儿一女，自从儿女成家后，自己一直独自生活。前些年，付大娘生病住院，住院期间，立了一份代书遗嘱，载明：“将名下的所有财产进行如下分割：位于××街道的一楼商品房由儿子邵凯和女儿邵晓晓共同继承，所有存款由邵凯和邵晓晓平分。”之后，付大娘得到治疗，康复出院，搬进了王小强的小区，与儿子邵凯一家同住。

付大娘闲来无事，经常和陆蔓等人在一起唠家常。某日，付大娘对陆蔓说，自己对原来所立的遗嘱后悔了，想要变更遗嘱。于是，陆蔓将王小强找来，又替付大娘写了一份代书遗嘱，载明：“我对2008年所立的遗嘱进行如下变更：位于××街道的一楼商品房由儿子邵凯一人继承，遗嘱其他内容不变。”付大娘、三位见证人分别签字，并注明年、月、日。两年后，付大娘过世，邵凯和邵晓晓在遗产分割上产生分歧，邵凯认为应该按照母亲更改的遗嘱进行遗产分割，但邵晓晓认为，第二份遗嘱对第一份遗嘱的变更是无效的，应该按照第一份遗嘱执行。那么，付大娘对遗嘱的变更究竟有没有法律效力呢？

小强说法

此案件涉及遗嘱变更的效力问题。根据《民法典》的规定，遗嘱是遗嘱人处分个人财产的行为，在其死亡后才发生法律效力，如果订立遗嘱后，遗嘱人认为遗嘱不当或者改变主意，在其死亡前是可以撤回、变更的。

遗嘱的撤回，是指遗嘱人取消原先所立遗嘱的全部内容。遗嘱的变更，是指遗嘱人依法改变原先所立遗嘱的部分内容。

遗嘱的撤回与变更有什么不同呢？

遗嘱的撤回与变更具有相同的性质，均是改变原先所立的遗嘱，只是改变程度有所不同。遗嘱的撤回是取消原遗嘱的全部内容，可以说是对原遗嘱全部内容的改变；遗嘱的变更是改变原遗嘱的部分内容，可以看作撤销原遗嘱的部分内容。当然，只有在原遗嘱有效成立的前提下，才能发生遗嘱的撤回或变更。

此案涉及的是遗嘱变更问题。一般说来，遗嘱变更主要涉及两个方面的内容：一是遗嘱中指定的遗嘱继承人或受遗赠人发生改变；二是原遗嘱中指定的数额或项目的变更。本案中，付大娘对之前所立的遗嘱后悔了，所以重新立了一份遗嘱，载明了变更的内容，该内容是付大娘真实意思的表示，亦应认为此遗嘱有效。据此，付大娘的遗产分割应该按照第二份遗嘱办理，即商品房由邵凯继承，存款由邵凯和邵晓晓平分。

法典在线

《中华人民共和国民法典》第一千一百四十二条　遗嘱人可以撤回、变更自己所立的遗嘱。

立遗嘱后，遗嘱人实施与遗嘱内容相反的民事法律行为的，视为对遗嘱相关内容的撤回。

立有数份遗嘱，内容相抵触的，以最后的遗嘱为准。

3 有数份遗嘱的，以哪一份为准？

邵晓晓与丈夫黄浩翔婚后育有一子一女，离婚后，邵晓晓带着儿子聪聪生活，黄浩翔带着女儿梦梦生活。虽然聪聪跟着妈妈生活，但一直与父亲有联系，黄浩翔答应死后会将遗产留给儿子聪聪，并立下了一份公证遗嘱，表示遗产全部由儿子聪聪和女儿梦梦继承。

但没过两年，黄浩翔就再婚了，娶了年轻的宋某。聪聪得知后，父子关系恶化，往来减少。几年后，黄浩翔检查身体时发现自己已是癌症晚期，鉴于宋某对自己多年的照顾，便又手写了一份遗嘱，遗嘱内容是自己死后，自己的全部财产由妻子宋某和女儿梦梦继承。黄浩翔病故后，宋某和梦梦按照遗嘱继承了黄浩翔的遗产。邵晓晓知道后，带着聪聪找到宋某，她认为，聪聪是黄浩翔的法定继承人，而且还有公证的遗嘱，所以应该继承其父亲的遗产。那么，这种有数份遗嘱的情况，应当怎样办理？

老大
我是老大！我说算！
我也有！
我有亲笔遗嘱！
我有打印遗嘱！
我有公证遗嘱！
我这有录音录像！
老大
凭啥听你的？
都别吵啦！都听我的！！
代书遗嘱
因为我是遗嘱人的最新的有效遗嘱！
XXXX年X月X日

尊重遗嘱人的真实意愿，取消公证遗嘱的优先权，以最后一份有效遗嘱为准。

小强说法

当遗嘱人立有数份遗嘱，并且内容相抵触时，应当视为后设立的遗嘱取代或者改变了原先设立的遗嘱。本案中存在两份遗嘱，第一份遗嘱是公证遗嘱，具有法律效力，第二份遗嘱属于自书遗嘱，同样具有法律效力。在两份遗嘱都真实有效的情况下，应当以最后设立的遗嘱为准，只有这样才是真正尊重遗嘱人的真实意愿。

本案中，黄浩翔在设立公证遗嘱后，又因为生活情况发生变化，重立一份自书遗嘱，两份遗嘱在都确认有效的情况下，应当以最后的遗嘱为准。所以，此案应当尊重黄浩翔最后的意愿，将遗产交由宋某和梦梦继承。

法典在线

《中华人民共和国民法典》第一千一百四十二条　遗嘱人可以撤回、变更自己所立的遗嘱。

立遗嘱后，遗嘱人实施与遗嘱内容相反的民事法律行为的，视为对遗嘱相关内容的撤回。

立有数份遗嘱，内容相抵触的，以最后的遗嘱为准。

新法亮点

《民法典》删除了公证遗嘱效力优先的规定，允许其他遗嘱对公证遗嘱进行撤销和变更，既实现了遗嘱自由，尊重遗嘱人的真实意愿，也是一项有效的便民立法。

在《民法典》之前的立法实践中，如果遗嘱人想要更改曾经立下的公证遗嘱的内容，只能去公证处更改，或者去公证处重新订立一份新的公证遗嘱，这项立法为遗嘱人处理遗产带来不便，也是对遗嘱人修改遗嘱的限制。

修改后的新法条尊重遗嘱人的真实意愿，肯定了遗嘱人支配财产的权利。

4 逼迫遗嘱人所立的遗嘱，具有法律效力吗？

最近葛奶奶遇到了一件发愁的事，找到陆蔓想请懂法的王小强拿拿主意。葛奶奶的老伴胡爷爷60多岁，身体一直不太好，因为心肌炎多次出入医院。胡爷爷害怕自己猝死，于是打算立遗嘱将财产平分给两个孩子。胡明觉得不公平，对父亲说："我是儿子，妹妹是女儿，而且已经嫁人，家产应该都留给我。如果遗产分给妹妹，那母亲就让妹妹去照顾。"胡爷爷担心老伴老无所养，所以按照胡明的要求自书了一份遗嘱。

胡爷爷将胡明逼迫自己的事情告诉了葛奶奶，嘱咐葛奶奶要安抚女儿胡菱。后来胡爷爷去世，胡明想要按照遗嘱继承全部遗产，但葛奶奶不忍心让女儿胡菱一无所有，于是找到陆蔓和王小强，询问意见。王小强建议葛奶奶让胡菱起诉胡明，主张父亲是在受胁迫的情况下立的遗嘱，应该认定无效。

那么，人民法院会支持胡菱的主张吗？

小强说法

本案涉及的是胁迫所立遗嘱的效力问题。根据《民法典》的规定，受欺诈、胁迫所立的遗嘱无效。

胁迫所立的遗嘱，是指用遗嘱人所担心的事情进行恐吓和威胁，如亲人的健康、个人的名誉等，逼迫遗嘱人设立违背自己内心真实意愿的遗嘱。

本案中，胡明对胡爷爷所说的“如果遗产分给妹妹，那母亲就让妹妹去照顾”这句话，已经暗含威胁，胡爷爷为葛奶奶的将来考虑，不得不按照儿子的意思订立遗嘱，将全部遗产留给胡明继承。可见，该遗嘱是受胁迫所立的，并非遗嘱人的真实意愿，人民法院应该支持胡菱的主张，认定此遗嘱无效。既然遗嘱无效，那么，胡爷爷的遗产就应该按照法定继承办理，即由葛奶奶、胡明和胡菱平均分配。

法典在线

《中华人民共和国民法典》第一千一百四十三条　无民事行为能力人或者限制民事行为能力人所立的遗嘱无效。

遗嘱必须表示遗嘱人的真实意思，受欺诈、胁迫所立的遗嘱无效。

伪造的遗嘱无效。

遗嘱被篡改的，篡改的内容无效。

5 不履行遗赠义务，是否应该返还遗赠？

王小强的老板董先生听从王小强的建议，设立了信托遗嘱。此外，他还立了一份遗赠协议。董先生因幼时家境贫寒，所以极其关心贫困学子的教育问题。他事业有成后，无私捐助了很多社会团体和教育机构。在病故前，董先生得知母校“××大学”实验室老旧，缺乏先进的研究设备，学生们多有抱怨，于是立了一份遗赠协议，载明：“将3000万元赠与‘××大学’，要求将这笔钱用于建造新的科学实验室，购买实验设备。”

董先生病故后，“××大学”接受了遗赠。但2年过去，王小强发现，“××大学”依旧在使用旧的实验室和实验设备，并未建造新的科学实验室，于是王小强找到董先生的儿子小志，告诉小志说，可以将

“××大学”告上法庭，要求其返还接受的遗赠。请问，“××大学”应该返还董先生赠与的3000万元吗？

小强说法

此案涉及的是附义务的遗赠，在受赠人未履行附带义务的情况下遗嘱的法律效力问题。首先，需要确认的是，遗赠可不可以附有义务条款呢？

我国法律明确规定，遗嘱中可以对遗嘱继承人或者受遗赠人附加义务，作为继承人或受遗赠人接受继承或遗赠的前提条件。例如，遗嘱人立遗嘱将某项财产遗赠给其某位生前好友，但又指明该好友必须将遗嘱人的幼子抚养成人。这种附加义务的遗嘱，应当符合以下几个条件：

（1）附义务的遗嘱所设定的义务，只能由遗嘱继承人或者受遗赠人承担，不得对不取得遗产利益的人设定义务；

（2）设定的义务不得违背法律和社会公共利益；

（3）设定的义务必须是可以实现的；

（4）附义务的遗嘱中所规定的继承人或受遗赠人应当履行的义务，不得超过继承人或受遗赠人所取得的利益。

其次，不履行义务，是否就不能接受遗赠呢？

根据《民法典》的规定，没有正当理由不履行义务的，经利害关系人或者有关组织请求，可以取消其接受附义务部分遗产的权利。同时，《最高人民法院关于贯彻执行〈中华人民共和国继承法〉若干问题的意见》第43条也规定，附义务的遗嘱继承或遗赠，如义务能够履行，而继承人、受遗赠人无正当理由不履行，经受益人或其他继承人请求，人民法院可以取消其接受附义务部分遗产的权利，由提出请求的继承人或受益人按遗嘱人的意愿履行义务，接受遗产。

本案中，董先生将3000万元遗赠给“××大学”，但附有义务，这个义务是“建造新的科学实验室，购买实验设备”。但是，“××大学”并没有履行义务。董先生的儿子小志作为董先生的继承人，有权要求“××大学”返还已经接受的3000万元的遗赠。

6 不允许继承人再婚的遗嘱，合法吗？

王小强堂妹的丈夫张建得了绝症，担心妻子王小星改嫁后，继父会虐待自己的孩子小哲，所以在朋友小王、小徐和侄子小海的见证下立了遗嘱，表明："我去世后，房产和其他财产归我的妻子王小星和儿子所有，但如果我的妻子再婚，房子就归我侄子小海所有。"小王、小徐和侄子小海分别在遗嘱上签了名。

张建去世后，妻子王小星和儿子小哲继承了全部遗产。但后来，王小星与蔡先生重新组建了家庭。张建的侄子小海知道后，拿着张建的遗嘱找到王小星，要求其将继承的房产过户到自己名下。王小星很茫然，不知道该怎么办，于是找到堂哥王小强，她想知道，张建不允许她再婚的遗嘱是否合法？

小强说法

本案涉及的是附条件遗嘱继承的法律效力问题。

附条件遗嘱成立的要件中有一点很重要，即设定的义务不得违背法律和社会公共利益。本案中审查的重点是附条件的义务合不合法，根据《民法典》的相关规定，婚姻自由是婚姻缔结的重要原则，任何人都没有权利干涉。据此，张建设立的这个附加条件是无效的，王小星没有义务履行。

法典在线

《中华人民共和国民法典》第一千一百四十四条　遗嘱继承或者遗赠附有义务的，继承人或者受遗赠人应当履行义务。没有正当理由不履行义务的，经利害关系人或者有关组织请求，人民法院可以取消其接受附义务部分遗产的权利。

继承诸事，面面当知晓。

第七章

1 理不清遗产，可以找谁帮忙？

胡大爷去世后，胡明分得部分财产，准备用这笔钱做点儿小生意。胡明和妻子董雅商量后，决定跟着董雅的父亲董良学习经商。董良经商多年，事业做得风生水起，创办了昌盛贸易有限公司，公司业务涉及服饰、美妆等各领域。董良的妻子安乔与董良结婚后，一直在家相夫教子，从未参与过公司的经营。

然而，胡明还未学到做生意的经验，董良就猝死了。根据董良多年前所立遗嘱，其遗产由妻子安乔、儿子董江、女儿董雅和董慧平分。但四人还未对遗产进行分割，债主就纷至沓来，债务又多又杂，安乔和董江、董雅、董慧都对公司经营一窍不通，他们不知道如何处理父亲的遗产和各种债务问题。请问，此种情况下，他们可以找谁来帮助他们处理遗产分割事宜？

小强说法

此案例中的情况，可以申请遗产管理人来处理遗产分割事宜。

《民法典》首次设定了遗产管理人制度，并对遗产管理人的法定、推选、担任的情形、职责范围以及未尽职的损害赔偿责任、报酬等作了规定。遗产管理人不仅可以解决继承人间的纠纷，也可以理顺被继承人的财产状况问题。鉴于本案的情况，董良财产多，但债务相对也多，继承人并未参与过日常经营活动，为了更好地理清财产，维护自身合法权益，应当委托专业人士担任遗产管理人，对公司的财务进行清算，处理各种债权和债务，最终确定安乔和董江、董雅、董慧各自应继承的遗产份额。

法典在线

《中华人民共和国民法典》第一千一百四十五条　继承开始后，遗嘱执行人为遗产管理人；没有遗嘱执行人的，继承人应当及时推选遗产管理人；继承人未推选的，由继承人共同担任遗产管理人；没有继承人或者继承人均放弃继承的，由被继承人生前住所

地的民政部门或者村民委员会担任遗产管理人。

《中华人民共和国民法典》第一千一百四十六条　对遗产管理人的确定有争议的，利害关系人可以向人民法院申请指定遗产管理人。

新法亮点

《民法典》增加了遗产管理人制度，对遗产管理人的产生方式、职责、责任及应得的报酬等都作了详细规定。这项制度的确定，有利于遗产的管理和分割，可以有效解决遗产继承过程中出现的一些矛盾和争端，更好地维护继承人和债权人的利益。

2 遗产管理人毁损继承人的遗产，该不该赔偿？

胡明的老师白山是一名知识渊博的学者，在大学任教30多年，退休后热衷于古画的鉴赏和收藏。胡明对老师十分敬仰，工作之余，也跟随老师白山一起研究字画，同时进行字画的买卖活动。

之后，白山因肝癌入院治疗，其间，与学生胡明协商决定，付给胡明一定的报酬，由胡明作为遗产管理人，对其财产进行清算，尤其是收藏的字画，须评估价值进行出售，然后平均分配给其夫人和儿子。

白山去世后，白山的夫人根据白山的嘱托，将字画都交给了胡明。但因胡明的疏忽，字画受了潮，大大贬值。白山的夫人和儿子要求胡明赔偿损失，胡明觉得自己很委屈。

请问，胡明应该赔偿吗？

小强说法

此案的核心问题是遗产管理人的职责和责任确定。

《民法典》规定了遗产管理人应当履行的职责，包括清理遗产并制作遗产清单、向继承人报告遗产情况、采取必要措施防止遗产毁损或灭失、处理被继承人的债权债务、按照遗嘱或者依照法律规定分割遗产、实施与管理遗产有关的其他必要行为。

本案中，胡明作为遗产管理人，有义务妥善保管字画，防止毁损，但胡明没有做到，应当承担民事责任。因此，白山的夫人和儿子要求胡明赔偿损失是合理的，胡明理应赔偿。

法典在线

《中华人民共和国民法典》第一千一百四十七条　遗产管理人应当履行下列职责：

（一）清理遗产并制作遗产清单；

（二）向继承人报告遗产情况；

（三）采取必要措施防止遗产毁损、灭失；

（四）处理被继承人的债权债务；

（五）按照遗嘱或者依照法律规定分割遗产；

（六）实施与管理遗产有关的其他必要行为。

《中华人民共和国民法典》第一千一百四十八条　遗产管理人应当依法履行职责，因故意或者重大过失造成继承人、受遗赠人、债权人损害的，应当承担民事责任。

3 侵吞遗产，继承人有权讨要吗？

王小强的父亲王大山喜欢在小区的凉亭内和棋友下棋，最近，棋友朱大爷过世了。朱大爷早年丧妻，未再婚，独生子朱哲在国外工作，一年回家一次。为了让父亲出门方便，朱哲为朱大爷买了一辆代步车，但朱大爷不常开。

朱大爷去世后，朱哲从国外赶回来为父亲料理了后事。在清算父亲遗产时，朱哲发现他给父亲购买的代步车不见了，多方询问才得知，朱大爷的代步车很早之前就被同小区的陈大爷借走了。朱哲上门索要，陈大爷却拒绝偿还，他认为，代步车是向朱大爷借的，所以只有朱大爷有权索要。为此，双方发生争执。请问，陈大爷侵吞朱大爷代步车的行为，是否违法？朱哲有没有权利要回？

小强说法

本案涉及的主要问题是存有遗产的人侵吞遗产，

继承人是否有权要回。

本案中，朱大爷去世后，代步车属于其遗产，存有遗产的人不仅不能擅自侵吞或者争抢遗产，还有妥善保管遗产的责任。如果存有遗产的人侵吞了遗产，那么，继承人完全有权利要求存有遗产的人返还遗产。如果被侵吞的物品已经不存在或者返还不了的，继承人可以要求其折价赔偿。

本案中，朱大爷死亡后，其代步车还在陈大爷手中，陈大爷作为存有朱大爷遗产的人，有责任妥善保管代步车，并在朱哲索要时交还。但陈大爷侵吞代步车，拒不交还，该行为已经违法。朱哲可以向人民法院提起诉讼，要求陈大爷返还遗产。

法典在线

《中华人民共和国民法典》第一千一百五十一条　存有遗产的人，应当妥善保管遗产，任何组织或者个人不得侵吞或者争抢。

4 丈夫在继承遗产前过世，妻子可以代替他继承遗产吗？

陈大爷侵吞朱大爷的代步车被要回后没几天，他和儿子陈世博就在家中被杀害了。陈大爷的妻子早些年去世了，但陈大爷还有一个哥哥和一个妹妹。儿子陈世博与艾薇薇结婚多年，未生育子女。

陈大爷父子被害后，警方第一时间调查取证，寻找凶手。据公安机关对陈大爷、陈世博被杀害时间出具的法医鉴定结论证实，陈大爷的死亡时间先于陈世博。陈大爷生前并未留下任何形式的遗嘱，其遗产包括银行存款10万元、一套楼房及家电等物品，现由儿媳艾薇薇保管。针对陈大爷的遗产，陈大爷的哥哥和妹妹认为，遗产应该由他们继承，儿媳没有继承权。但艾薇薇认为，自己是代替丈夫陈世博继承的遗产。请问，谁的主张符合法律规定？

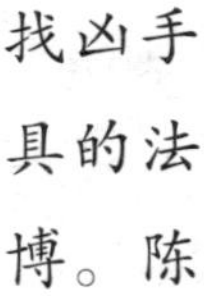

小强说法

此案涉及的是转继承的法律问题。

转继承，又称为第二次继承、再继承、连续继承，是指在继承开始后，继承人并未放弃继承，却在遗产分割前死亡，其应继承的遗产转由他的合法继承人来继承的制度。在转继承的法律关系中，实际接受遗产的死亡继承人的法定继承人称为转继承人，在继承开始后、遗产分割前死亡的继承人称为被转继承人。转继承存在两个继承过程：一是继承开始后，死亡继承人虽尚未实际分得遗产或接受遗产，但是取得继承遗产的权利；二是继承开始后，死亡继承人所应继承的遗产份额的权利，转移给其继承人继承。

本案中，陈大爷先于陈世博死亡，生前未立遗嘱，陈世博作为其第一顺序继承人，已经获得了陈大爷遗产的继承权。在陈世博死亡前，并没有证据表明他放弃继承，所以视为接受继承。那么，陈世博去世后，其第一顺序继承人就是他的妻子艾薇薇，陈大爷的遗产由此转移给艾薇薇。而陈大爷的哥哥和妹妹是第二顺序继承人，在有第一顺序继承人的情况下，第二顺序继承人无权继承遗产。

法典在线

《中华人民共和国民法典》第一千一百五十二条　继承开始后，继承人于遗产分割前死亡，并没有放弃继承的，该继承人应当继承的遗产转给其继承人，但是遗嘱另有安排的除外。

新法亮点

《民法典》增加了“转继承”的规定，这项规定是在《最高人民法院关于贯彻执行〈中华人民共和国继承法〉若干问题的意见》第52条规定的基础上设立的，增加了“遗嘱另有安排的除外”一项。在许多案例中，人们容易将代位继承和转继承混淆。其实，二者很好区分：（1）两者的时间条件不同。转继承是继承人在继承开始后，遗产处理前，自然死亡或被宣告死亡。代位继承适用的前提是继承人先于被继承人死亡。（2）两者适用的继承人不同。享有转继承权的人不限于被继承人的晚辈直系血亲，而代位继承只能发生在与被继承人有晚辈直系血亲关系的人之间，如子女、孙子女、外孙子女等，且不受辈分限制，均可成为代位继承人。由此可见，转继承中接受遗产的转继承人范围要大于代位继承中的代位继承人的范围。

5 亡故丈夫投资的企业，能否算作个人遗产？

艾薇薇刚解决遗产问题没多久，表哥陆鹏就在出差途中发生意外身亡。陆鹏与朋友石某合伙开了一个公司，公司经营状况良好。在生意上，艾薇薇与表哥也有合作。陆鹏的去世，让陆鹏家人和艾薇薇一家都难以接受。

陆鹏正值壮年，未曾立遗嘱，所以在遗产分割上，其妻元恩、儿子小平与陆鹏的父母产生了纠纷。陆鹏的遗产除了公司资产以外，还有陆鹏和元恩结婚后买下的一套价值50万元的房屋，房产证上的署名是夫妻二人，此外还有陆鹏叔叔去世时遗赠给陆鹏和小平的10万元现金。

请问，陆鹏的遗产应该如何分割？其投资的企业能否算作个人遗产？

小强说法

本案的遗产分割较复杂，需要区分夫妻共同财产、家庭共同财产和其他共有财产。

1. 遗产与夫妻共同财产的区分

夫妻共同财产，是指夫妻在婚姻关系存续期间共同所得的财产，根据规定，夫妻共同财产，除有约定的外，遗产分割时，应当先将共同财产中配偶所有的那部分分出来，其余的为被继承人的遗产。

在案例中，陆鹏在婚后购置的那套房屋为夫妻共同财产，房屋一半的份额为配偶元恩所有，房屋的另一半份额才能作为陆鹏的遗产，由继承人元恩、小平和陆鹏的父母共同继承。

2. 遗产与家庭共同财产的区分

在家庭成员中，除夫妻之间形成的夫妻共同财产之外，可能还会有与子女、父母、祖父母和外祖父母以及兄弟姐妹等其他成员形成的家庭共同财产。

具体来看，家庭共同财产主要包括：家庭成员共同劳动积累的财产，家庭成员共同购置的财产，家庭成员共同继承、受赠的财产等。某一家庭成员死亡时，其遗产包括他在家庭共同财产中的份额。

在案例中，在确定陆鹏的遗产时，陆鹏、小平受赠所得的 10 万元，属于他们的共有财产。应当将其中一半分出归小平所有，另一半作为陆鹏的遗产，由元恩、小平、陆鹏的父母共同继承。

3. 遗产与其他共有财产的区分

除夫妻共同财产、家庭共同财产之外，还存在着其他形式的财产共有关系，如合伙共有财产等。原民法通则第32条规定，合伙经营积累的财产，归合伙人共有。因此，当合伙人之一死亡时，被继承人在合伙共有财产中的份额属于其遗产。被宣告无效或被撤销的婚姻，在当事人同居期间所得的财产亦属于共有财产。当一方死亡时，应当将另一方的份额分出归其所有，其余则属于死者的遗产。

在案例中，陆鹏死亡后，应当将陆鹏在合伙企业中的财产份额分出。又因该部分财产属于婚姻关系存续期间所得财产，是夫妻共同财产，应当先将其中一半的财产份额分配给配偶元恩，另一半作为陆鹏的遗产，由元恩、小平、陆鹏的父母共同继承。

法典在线

《中华人民共和国民法典》第一千一百五十三条　夫妻共同所有的财产，除有约定的外，遗产分割时，应当先将共同所有的财产的一半分出为配偶所有，其余的为被继承人的遗产。

遗产在家庭共有财产之中的，遗产分割时，应当先分出他人的财产。

6 受遗赠人先于遗赠人死亡的，其家属能继承遗赠吗？

王大山和宋建设是儿时的玩伴，关系很好，一直来往密切。王大山曾经做生意失败，当时多靠好友宋建设的出手相助才得以东山再起。后来，宋建设出了车祸，身体每况愈下，生活困难，王大山就时常给予宋建设经济帮助。几年前，王大山亲自立下遗嘱处分自有财产，并且在遗赠中明确表示将自己的两间旧房遗赠给宋建设，还将此事告知了宋建设及其子宋子硕。2018年宋建设病故，王大山并没有因为宋建设的去世而更改遗嘱的内容。2021年，王大山去世。儿子王小强和王小东在办完丧礼后，按照王大山的遗嘱分割遗产时，对于遗赠给宋建设的财产产生了分歧。宋子硕要求代替父亲接受被继承人原遗赠给他父亲的财产，即所遗赠房子的所有权。王小强和王小东认为受遗赠人宋建设已死，不同意将房子分给宋子硕。于是，宋子硕向人民法院提起诉讼。

请问，遗嘱中受遗赠人已经死亡，受遗赠人儿子能否代替其接受遗赠?

小强说法

此案涉及的是遗赠的相关问题。

遗赠作为遗嘱的一部分，随遗嘱的生效而生效，即待遗赠人死亡之时发生法律效力。正是因为遗赠的生效时间是遗嘱人死亡时，所以如果受遗赠人比遗赠人先去世，受遗赠人本人不可能在遗嘱生效后即遗赠人死亡后取得遗赠财产或作出接受遗赠的表示，其继承人当然也不能代替受遗赠人行使受遗赠权。

本案中，受遗赠人宋建设先于遗赠人王大山死亡，王大山遗嘱中有关将两间旧房遗赠给宋建设的全部内容，因为受遗赠人宋建设已经死亡，失去其权利主体而丧失法律效力。在遗赠人王大山去世后，宋子硕作为受遗赠人的儿子，要求代替其父亲宋大山行使其受遗赠权，即要求王大山家人将原遗嘱中遗赠给宋建设的房子交由自己代为接受，缺乏法律依据，宋子硕没有代替他父亲接受遗赠的权利。

至于原遗赠中有关遗赠给宋建设的遗产内容，因为受遗赠人先于遗赠人死亡，该遗嘱丧失法律效力，该部分遗产在没有其他遗嘱分配的情况下，应当按照法定继承办理，由王大山的法定继承人王小强和王小东依法继承。

法典在线

《中华人民共和国民法典》第一千一百五十四条　有下列情形之一的，遗产中的有关部分按照法定继承办理：

（一）遗嘱继承人放弃继承或者受遗赠人放弃受遗赠；

（二）遗嘱继承人丧失继承权或者受遗赠人丧失受遗赠权；

（三）遗嘱继承人、受遗赠人先于遗嘱人死亡或者终止；

（四）遗嘱无效部分所涉及的遗产；

（五）遗嘱未处分的遗产。

7 遗产只有一座房子，兄弟姐妹怎么分？

王大山的棋友朱大爷去世后，没过多久，王大山的另一个棋友牛大爷也因病去世了，为此，王大山很悲痛，儿子王小强只能竭力劝慰。牛大爷的遗产只有一座房子，为此兄妹三人争吵不休，吵得楼上楼下都心烦意乱。

原来，牛大爷与大儿子牛永一家住在一起，房子在牛大爷名下。二儿子牛伟成家后分开另过，房子是和妻子婚后挣钱买的。小女儿牛敏已经嫁人，与公婆居住在一起。牛敏和牛伟认为，房子是父亲名下的，按法律规定，应该由三人平分。但牛永感到委屈，他认为，房子虽然在父母名下，但自己照顾父母多年，且一直住在这座房子里，房子应该给他。

请问，牛大爷夫妇留下的房子，三个子女应该如何分呢？

小强说法

本案的焦点问题是遗产分割问题。

首先，同一顺序继承人继承遗产的份额，一般应当均等。但同时法律也规定，对被继承人尽了主要扶养义务或者与被继承人共同生活的继承人，在分配遗产时，可以多分。本案中，牛永一直与父母生活在一起，照顾两位老人多年，在分配遗产时是有权要求多分一部分的。

下面，我们具体来看牛大爷夫妇的遗产——房子的分割问题。牛大爷的房子一直是两位老人和牛永一家居住，遗产分割在平等的基础上，还须利于生产和生活需要，不损害遗产的效用。房子作为不宜分割的遗产，可以采取折价、适当补偿或者共有等方法处理。同时，《最高人民法院关于贯彻执行〈中华人民共和国继承法〉若干问题的意见》第58条也规定，人民法院在分割遗产中的房屋、生产资料和特定职业所需要的财产时，应依据有利于发挥其使用效益和继承人的实际需要，兼顾各继承人的利益进行处理。也就是说，分割遗产应根据遗产的性质和用途，充分发挥遗产的实际效用。综合本案的实际情况看，牛永在房屋中生活多年，将房屋分给牛永更符合物尽其用的原则。至于牛敏和牛伟的部分，牛永应该按照房子的市价，给予二人适当的补偿款。

法典在线

《中华人民共和国民法典》第一千一百三十条　同一顺序继承人继承遗产的份额，一般应当均等。

对生活有特殊困难又缺乏劳动能力的继承人，分配遗产时，应当予以照顾。

对被继承人尽了主要扶养义务或者与被继承人共同生活的继承人，分配遗产时，可以多分。

有扶养能力和有扶养条件的继承人，不尽扶养义务的，分配遗产时，应当不分或者少分。

继承人协商同意的，也可以不均等。

《中华人民共和国民法典》第一千一百五十六条　遗产分割应当有利于生产和生活需要，不损害遗产的效用。

不宜分割的遗产，可以采取折价、适当补偿或者共有等方法处理。

8 改嫁的妻子可以随意处理前夫的遗产吗?

王大山的表妹高兰日子过得一直不好，最初与丈夫郭大结婚时，二人一无所有，只能和公婆挤在两间破瓦房内。经过3年的努力，夫妻二人攒了一笔钱，盖了一所房子，因为高兰不孕不育，所以一直没有孩子。

2015年，郭大父母先后因病去世，其遗产由郭大和郭二平分。2018年，郭大在工地上意外身亡，1年后，高兰改嫁，搬离了原村。高兰搬走后，郭二和妻子搬进高兰和郭大的房子。2021年，高兰回到原村，想将房子租给村民李四，但郭二拒绝搬出房子，他认为，高兰已改嫁，应由他继承房屋的所有权。高兰不懂法，只能请教表哥王大山。王小强听说此事后，认为房屋应归高兰所有。

那么，王小强的说法正确吗? 高兰是否有权处理该房屋?

小强说法

本案的焦点问题是改嫁妻子是否有权处理前夫的遗产。

首先，我们要明确郭大遗产的所有权问题。《民法典》规定，夫妻在婚姻关系存续期间所得的财产，为夫妻的共同财产，归夫妻共同所有。夫妻对共同财产，有平等的处理权。本案中的房子是高兰与郭大在婚后共同所建，属于夫妻共同财产，夫妻双方各享有一半的所有权。郭大死亡时，该房一半的所有权就成为他的遗产。高兰是在郭大死后改嫁的，改嫁前，高兰作为郭大唯一的第一顺序继承人，依法应继承郭大的遗产，即另一半房子的所有权。加上原来属于她个人的一半所有权，该房即全归她所有。郭二是郭大的法定第二顺序继承人，有第一顺序继承人的情况下便无权继承郭大的遗产。

此案的核心问题，是高兰改嫁是否影响其处理房产。《民法典》规定，夫妻中的一方处分继承所得的财产，任何组织或者个人不得干涉。据此，高兰有权对房子进行处分，无论是占有、使用，还是变卖，任何人都无权干涉。

法典在线

《中华人民共和国民法典》第一千一百五十七条　夫妻一方死亡后另一方再婚的，有权处分所继承的财产，任何组织或者个人不得干涉。

9 遗赠扶养协议是什么，能否解除？

岳呈呈的远房叔叔岳祖快60岁时，从老家搬到城里生活，次年在别人的介绍下与朱大娘认识并结婚。夫妻二人没有子女，平时都是岳呈呈照顾二人。之后，岳祖、朱大娘夫妻二人与岳呈呈经律师代书订立了一份遗赠书，协议内容如下："遗赠人的财产包括一所房子及家具若干，所住房子及家具在遗赠人夫妻二人均去世后，遗赠给岳呈呈。受遗赠人岳呈呈负责照顾遗赠人的生活起居，以及去世后的安葬事宜。"

协议签订后不久，岳呈呈要求由自己掌管岳祖夫妇的家庭财产，向岳祖、朱大娘二人索取钱财、物品，两人没有同意岳呈呈的这一要求。随后，岳呈呈便不再到岳祖家里照顾两位老人的生活起居，双方关系一步步恶化。其间，好友王小强虽百般劝阻岳呈呈，但岳呈呈依旧不履行扶养义务。后朱大娘生病住院多时，在此期间，岳呈呈仅去探望过一次，岳祖自己承担了所有的医药费用等，在朱大娘死后，丧葬事宜也是在当地居委会的帮助下完成的。于是，岳祖诉至人民法院，要求解除他与岳呈呈之间的遗赠扶养协议。请问，人民法院会支持岳祖的主张吗？

小强说法

本案涉及的是解除遗赠扶养协议的法律问题。

遗赠扶养协议是公民生前对自己死亡后遗留下的遗产的一种处置方式，协议中明确了双方的权利和义务，体现了权利与义务相统一的基本原则，被扶养人生前的扶养义务由扶养人承担，同时，确定被扶养人死后其遗产的归属，可以避免或减少在被扶养人死亡后发生继承纠纷。

遗赠扶养协议书一经签订，即对协议双方产生法律的约束力，因任意一方违约导致该协议解除的，需由毁约一方承担相应的民事责任。

本案中的“遗赠书”虽以遗赠为题，但载明的具体权利与义务表明：它是岳祖、朱大娘与岳呈呈经协商一致后签订的，体现了双方的共同意愿，是双方的法律行为，因此是遗赠扶养协议。在本案中，岳祖、朱大娘与岳呈呈在遗赠协议中已经明确了岳呈呈应尽的扶养义务，但岳呈呈并没有履行，因此该协议失去了存在的意义。所以，人民法院应对岳祖的请求予以支持，判定解除岳祖和岳呈呈之间的遗赠扶养协议。

法典在线

《中华人民共和国民法典》第一千一百五十八条　自然人可以与继承人以外的组织或者个人签订遗赠扶养协议。按照协议，该组织或者个人承担该自然人生养死葬的义务，享有受遗赠的权利。

遗产继承，债务先“清”。

第八章

1 "父债子还""夫债妻还",有法律依据吗?

石天请侯昊作为担保人,向王小强借款10万元,借款期限自2020年5月13日起至9月13日止,月利率2%。石天和侯昊分别在借款单的借款人位置和担保人位置上签了名。侯昊还在借款单上表示:"本人自愿为借款人石天提供担保,如债务人到期没有履行还款义务,本人自愿承担连带责任。"

2个月后,侯昊为了买大货车,将他的房子作为借款抵押物,向王小强借款10万元,并办理了抵押登记。之后,侯昊开货车进行买卖,因为疲劳驾驶发生意外身亡。侯昊去世1个月后,侯昊作为担保人的借款到期,王小强多次向石天催讨借款,一直未果。王小强于是向侯昊的妻子李碗和儿子侯明磊(已婚,独自生活)催讨这笔借款和侯昊另外借的10万元买车款。请问,侯昊的妻子李碗和儿子侯明磊有责任偿还这两笔借款吗?

小强说法

本案涉及的是遗产债务法律问题。

遗产债务，是指被继承人生前所欠的债务，被继承人生前个人依法应当缴纳的税款和完全用于个人生活需要所欠下的债务，均可形成遗产债务。遗产债务主要包括以下6类：

（1）被继承人依照我国税收法规应当缴纳的各种税款；

（2）被继承人因未履行合同所负的债务；

（3）被继承人因实施侵权行为而对受害方所承担的损害赔偿的债务；

（4）被继承人因实施不当得利而负担的返还不当得利的债务；

（5）被继承人因无法管理而对管理人所承担的补偿其必要费用的债务；

（6）其他属于被继承人负担的债务。例如，被继承人承担的保证债务、夫妻为共同生活所负的债务等。

在案例中，侯昊作为石天向王小强借款的保证人而承担的保证债务，是侯昊的个人债务，属于遗产债务。侯昊因买车所负的10万元债务，为侯昊和李碗夫妻共同债务，李碗应当承担其中的一半，这部分为遗产债务。

同时，《民法典》规定分割遗产时，应当先清偿被继承人依法应当缴纳的税款和债务。也就是说，如果继承人选择接受被继承人的遗产，也必须承担遗产债务。因此，在本案中，如果李碗、侯明磊作为侯昊的法定继承人选择继承侯昊的遗产，那么，就需要偿还这两笔债务。如果选择放弃继承遗产，就不需要偿还债务，这两笔债务只能由侯昊的遗产偿还。

综上可知，“父债子还” “夫债妻还”的说法没有法律依据。

法典在线

《中华人民共和国民法典》第一千一百五十九条　分割遗产，应当清偿被继承人依法应当缴纳的税款和债务；但是，应当为缺乏劳动能力又没有生活来源的继承人保留必要的遗产。

2 瘫痪在床，还要替已故丈夫还债吗？

毛轩是王小强的中学同学，他的妻子贺莲因为车祸，瘫痪在床，丧失了劳动能力。为了方便照顾妻子，毛轩辞掉了工作，准备租下一家店面，招两个员工，做点儿小生意维持生活。因缺乏租店资金，毛轩向王小强和同学孙昊二人分别借款5万元，约定3年后还清借款。但他一直没有偿还，王小强和孙昊理解毛轩的难处，并没有讨要。后来，毛轩被查出得了肺癌，放弃治疗，不久病故。

毛轩和贺莲二人并无子女，毛轩妹妹毛文为哥哥办理了丧事，并将毛轩的店面等遗产折价卖掉后所得的10万元如数交给了嫂子贺莲。此时，王小强和孙昊才告知贺莲债务的事情，贺莲很为难，因为总共只有10万元遗产，如果都还了借款，她拿什么生活？王小强主动放弃了该笔债权，但孙昊不同意。那么，瘫痪在床的贺莲，需要替丈夫还债吗？

小强说法

此案涉及的是清偿遗产债务时保留必留份原则的问题。

《民法典》对缺乏劳动能力又没有生活来源的继承人保留必要的遗产，此规定体现了养老育幼、保障残疾人生活的原则，不但遗嘱人立遗嘱、继承人分割遗产，而且清偿遗产债务时都应当严格遵循这一原则。对此，《最高人民法院关于贯彻执行〈中华人民共和国继承法〉若干问题的意见》第61条指出："继承人中有缺乏劳动能力又没有生活来源的人，即使遗产不足清偿债务，也应为其保留适当遗产，然后再按继承法第三十三条和民事诉讼法第一百八十条的规定清偿债务。"因此，在清偿遗产债务时，即使遗产的实际价值不足以清偿债务，也应当为缺乏劳动能力又没有生活来源的继承人保留适当的遗产，保证其生活的基本所需。

案例中，贺莲继承了毛轩的遗产，就有义务偿还遗产债务。但因为贺莲缺乏劳动能力又无生活来源，所以，仍应当为贺莲保留适当的遗产，剩余的遗产再用于债务的清偿。

法典在线

《中华人民共和国民法典》第一千一百五十九条　分割遗产，应当清偿被继承人依法应当缴纳的税款和债务；但是，应当为缺乏劳动能力又没有生活来源的继承人保留必要的遗产。

3 只继承了6万元的遗产，如何偿还8万元的债务？

老鲁是王大山在农村生活时的邻居，他原本有一个幸福的三口之家，但几年前，家中失火，老鲁的妻子和独生子因此丧生。老鲁经过抢救，最终活了下来，但腿落下残疾，无法从事以前的工作。老鲁的家境本就不富裕，为了筹集治疗费，向王大山借了8万元。出院后，老鲁买了一辆电动三轮车，以收废品为生。

某日，老鲁驾驶着装满纸箱的电动三轮车逆行驶过大桥，为了躲避迎面而来的车辆，意外坠入河中，送医抢救后死亡。老鲁是独生子，父母多年前就已去世，现今没有任何继承人。所在村的村委会为老鲁处理了后事，并对全部遗产进行清算，最终获得6万元，根本不够偿还王大山的债款。

请问，老鲁无继承人，其遗产归谁所有？只有6万元遗产，如何偿还8万元的债务？

小强说法

本案涉及两个问题，一是无人继承的遗产归谁所有；二是遗产实际价值少于债务应当如何处理。

根据《民法典》的规定，没有继承人的，其财产归国家或者集体所有。本案中，老鲁无继承人的情况下，其遗产应该由村委会继承。

被继承财产少于债务的，应当以所得遗产实际价值为限清偿被继承人依法应当缴纳的税款和债务。超过遗产实际价值的部分，继承人自愿偿还的不在此限。也就是说，继承人在清偿遗产债务时，有一个限定继承原则。

什么是限定继承?

限定继承，是指继承人在其接受遗产的实际价值范围内承担清偿被继承人债务的责任，即继承人对被继承人的债务只承担有限责任。根据限定继承原则可知，除继承人自愿清偿外，继承人对于超过遗产实际价值的债务部分不负清偿责任。在案例中，老鲁的遗产债务为8万元，而老鲁遗产的实际价值为6万元。根据限定继承原则，村委会在承担其遗产债务时，承担清偿责任的数额限定在6万元以内，对超出部分的2万元债务，村委会不负清偿责任。

法典在线

《中华人民共和国民法典》第一千一百六十条　无人继承又无人受遗赠的遗产，归国家所有，用于公益事业；死者生前是集体所有制组织成员的，归所在集体所有制组织所有。

《中华人民共和国民法典》第一千一百六十一条　继承人以所得遗产实际价值为限清偿被继承人依法应当缴纳的税款和债务。超过遗产实际价值部分，继承人自愿偿还的不在此限。

继承人放弃继承的，对被继承人依法应当缴纳的税款和债务可以不负清偿责任。

4 债权人有权索要已经赠给他人的遗产吗？

毛轩与毛文是同母异父的兄妹，毛轩的母亲是带着毛轩改嫁给毛先生的。毛轩的生父付宏早已与母子二人断了联系。付宏离婚后，一直与谢玲同居生活，并无子女。后来，付宏病重，写了一份遗赠协议，内容为："我去世后，名下的全部财产都赠给与我一起生活的谢玲。"付宏去世后，谢玲继承了他的财产，包括2间平房和一辆摩托车。

葬礼过后，张某和王某突然找到毛轩，称其生父付宏生前借了债务，欠张某2万元，欠王某3万元。毛轩认为，自己没有继承遗产，所以也没有义务偿还债务，于是让张某和王某去找谢玲。张某和王某随后找到谢玲，但谢玲认为，遗产是付宏赠与她的，她也没有义务偿还债务。那么，谢玲究竟有没有义务偿还债务呢？

小强说法

此案涉及的是执行遗赠与偿还债务问题。

根据《民法典》的规定，在被继承人负有遗产债务的情况下，应当优先用遗产清偿债务，如留有剩余的遗产才执行遗赠。若遗产已不足清偿债务或清偿债务后无剩余，则遗赠就不能执行。

案例中，谢玲接受遗赠，必须先偿还债务。具体来看，谢玲应该将房屋和摩托车处理或进行估价，如果遗产实际价值少于应偿还的债务总额，那么，应以遗产实际价值为限，偿还债务。如果遗产实际价值大于应偿还的债务总额，那么，偿还债务后，剩余部分可执行遗赠。

法典在线

《中华人民共和国民法典》第一千一百六十二条　执行遗赠不得妨碍清偿遗赠人依法应当缴纳的税款和债务。

5 继承人较多时，债务由谁还？

王小强与彭玮认识多年，对彼此都掏心掏肺，几年前，在彭玮经济困难时，王小强曾慷慨解囊，此事彭玮一直感激在心。彭玮病重之际，立了一份代书遗嘱和一份遗赠协议。代书遗嘱载明：其名下的汽车由其弟彭峻继承，其他财产按法定继承办理。遗赠协议载明：朋友王小强获得遗产中的 5 万元。

彭玮病故后，留有 20 万元存款、房屋 4 间、汽车一辆。其妻赵欢和儿子小晗按照法定继承分割了彭玮的遗产，其中，按照彭玮的遗嘱和遗赠协议，弟弟彭峻、朋友王小强分别继承了汽车和 5 万元。遗产分割完毕后，彭玮的债权人谢吉突然找到赵欢，要求其偿还彭玮生前所欠下的 55 万元的债务，赵欢并不知道丈夫欠下了这么多债务，于是找到彭峻和王小强。请问，此种情况，债务该由谁来还？

小强说法

此案涉及的是继承人较多时的债务清偿问题。

继承开始后，继承人为多人时，遗产债务的清偿一般采取以下 2 种方法。

1. 先清偿债务后分割遗产

先清偿债务后分割遗产是一种总体清偿方式。按照这种清偿方式，共同继承人首先用遗产把被继承人的各项债务全部清偿完毕。在清偿债务后，如果遗产还有剩余，各继承人再按继承遗产份额的多少，把剩余的遗产按比例加以分割，获得其应继承的遗产。

2. 先分割遗产后清偿债务

先分割遗产后清偿债务是一种分别清偿方式。按照这种清偿方式，共同继承人在按比例获得其应继承的遗产份额后，按同样的比例分担清偿被继承人债务的份额，并负责在其继承遗产的实际价值范围内对被继承人的债务进行清偿。

在案例中，因为既有法定继承人，又有遗嘱继承人和受遗赠人，且共同继承人赵欢、小晗在执行遗赠和分割遗产后才得知彭玮生前债务的存在，这就要求上述各分得遗产的人按照相关法律规定来分摊遗产债务。根据《民法典》规定，既有法定继承，又有遗嘱继承和遗赠的，由法定继承人清偿被继承人依法应当缴纳的税款和债务；超过法定继承遗产实际价值的部分，由遗嘱继承人和受遗赠人按比例以所得遗产清偿。因此，55万元的债务，应该先由法定继承人赵欢、小晗用其所得的遗产进行清偿，法定继承人所得遗产全部用于清偿后，剩余的债务由遗嘱继承人彭峻和受遗赠人王小强按比例用所得遗产偿还。

《中华人民共和国民法典》第一千一百六十三条　既有法定继承又有遗嘱继承、遗赠的，由法定继承人清偿被继承人依法应当缴纳的税款和债务；超过法定继承遗产实际价值部分，由遗嘱继承人和受遗赠人按比例以所得遗产清偿。